Bibliografische Information der Deutschen Bibliothek
Die Deutsche Bibliothek verzeichnet diese Publikation
in der Deutschen Nationalbibliografie; detaillierte
bibliografische Daten sind im Internet über
http://dnb.ddb.de abrufbar.

Elizabeth Prommer / Christine Linke
Ausgeblendet.
Frauen im deutschen Film und Fernsehen
Mit einem Vorwort von Maria Furtwängler
edition medienpraxis, 17
Köln: Halem, 2019

Alle Rechte, insbesondere das Recht der Vervielfältigung
und Verbreitung sowie der Übersetzung, vorbehalten.
Kein Teil des Werkes darf in irgendeiner Form (durch
Fotokopie, Mikrofilm oder ein anderes Verfahren)
ohne schriftliche Genehmigung des Verlages reproduziert
oder unter Verwendung elektronischer Systeme
(inkl. Online-Netzwerken) gespeichert, verarbeitet,
vervielfältigt oder verbreitet werden.

© 2019 by Herbert von Halem Verlag, Köln

ISBN (Print) 978-3-86962-428-0
ISBN (PDF)   978-3-86962-429-7
ISSN 1863-7825

Den Herbert von Halem Verlag erreichen Sie auch im
Internet unter http://www.halem-verlag.de
E-Mail: info@halem-verlag.de

SATZ: Herbert von Halem Verlag
LEKTORAT: Rüdiger Steiner, Christiane Hackl
DRUCK: docupoint GmbH, Magdeburg
GESTALTUNG: Bruno Dias, Köln
Copyright Lexicon ©1992 by The Enschedé Font Foundry.
Lexicon® is a Registered Trademark of The Enschedé Font Foundry.

Elizabeth Prommer / Christine Linke

Ausgeblendet
Frauen im deutschen Film und Fernsehen

Mit einem Vorwort von Maria Furtwängler

Unter Mitarbeit von Sophie Charlotte Rieger

HERBERT VON HALEM VERLAG

INHALT

VORWORT 9

1. WARUM DIESES BUCH 12

2. FORSCHUNGSSTAND: GESCHLECHTERBILDER
   IN FERNSEHEN UND KINO 18

   2.1 Fernsehen 18
   2.2 Fernsehen international 21
   2.3 Fiktion in Deutschland – Beispiele 22
   2.4 Informationssendungen im Fernsehen 23
   2.5 Forschungsstand Kinderfernsehen 24
   2.6 Kino 27

3. FRAUENFORSCHUNG, GESCHLECHTERFORSCHUNG
   UND GENDER STUDIES 29

4. METHODE: WIE WURDE DIE STUDIE ANGELEGT
   UND UMGESETZT? 33

   4.1 Auswahl des Datenmaterials und Aussagekraft 33
   4.2 Methode der Inhaltsanalyse:
       Wer und was wurde gezählt? 35
   4.3 Besonderheiten im Kinderfernsehen 40
   4.4 Analyse der Kinofilme 43
   4.5 Codierung und Auswertung: Wie sind wir vorgegangen? 45

5. DIE FERNSEHFRAU: AUSGEBLENDET — 48

- 5.1 Eins zu zwei statt gleich: Frauen kommen seltener vor — 48
- 5.2 Deutsche Fernsehfrauen in der Fiktion sind vielfältiger geworden — 51
- 5.3 Ausgeblendet: die Frau ab 35 Jahren — 54

6. WIE DIVERS IST DAS DEUTSCHE FERNSEHEN? — 59

7. MÄNNER ERKLÄREN DIE WELT — 61

- 7.1 Expertinnen — 63
- 7.2 Frauen in der Fernsehfiktion — 67
- 7.3 Ein Teufelskreis? — 68

8. DIE FRAU IM DEUTSCHEN KINO — 71

- 8.1 Weniger sichtbar, wenig vielfältig und weniger zu sagen — 71
- 8.2 Ein Frauenbild aus den 1970er-Jahren? — 75
- 8.3 Die eindimensionale Filmfrau – der vielschichtige Kinomann — 78

9. IST DIE ZUKUNFT GLEICHBERECHTIGT? NICHT IM KINDERFERNSEHEN — 81

- 9.1 Männliche Tiere und superdünne Elfen – die ungleichen Fantasieräume im Kinderfernsehen — 81
- 9.2 Das Kinderfernsehen — 82
- 9.3 Die ungleiche Geschlechterverteilung im deutschen Kinderfernsehen — 83
- 9.4 Männliche Fantasiefiguren — 85
- 9.5 Wer erklärt Kindern die Welt? — 88
- 9.6 Wer macht das Kinderfernsehen? — 90
- 9.7 Is the future equal? — 90

10. KINDERKÖRPER: ÜBERWIEGEND UNNATÜRLICH, SEXUALISIERT UND REALITÄTSFERN 92

10.1 Detailanalyse von animierten Körperdarstellungen 92
10.2 Körperverhältnisse Messen: Waist-to-Hip-Ratio und Waist-to-Shoulder-Ratio 93
10.3 Sexualisierte Mädchen- und Frauenkörper im Kinderfernsehen 95
10.4 Vielfalt an männlichen Körpern 97
10.5 Sexualisierte Männerkörper? 98
10.6 Unnatürliche Weiblichkeit – natürliche Männlichkeit 99

11. WER MACHT UNSER FERNSEHEN UND KINO? 101

11.1 Forschung zur Film- und Fernsehindustrie 101
11.2 Eine ungleiche Industrie 103
11.3 Das Potenzial an weiblichen Filmstudierenden 105
11.4 Spielt das Geschlecht der kreativen Positionen eine Rolle für die Qualität oder den Erfolg? 108
11.5 Diversität hinter der Kamera? 110
11.6 Wechselspiel zwischen Geschlecht der Kreativpositionen und Sichtbarkeit von Frauen 114
11.7 Gründe für die Unterrepräsentanz von Frauen: genderspezifische Barrieren 116
11.8 Was lässt sich ändern? 118

12. MEDIENRESONANZ ZUR STUDIE 120

12.1 Das Claus-Kleber-Interview 120
12.2 Wer berichtete (nicht)? 123
12.3 Was wurde berichtet? 127
12.4 Ein Diskurs entsteht 129
12.5 Die Rolle von Maria Furtwängler 131
12.6 Kritische Stimmen 132
12.7 Ein Jahr später 133

13. GENDER BIAS WITHOUT BORDERS — 135

- 13.1 Organisationen und Forschungsgruppen — 140
- 13.2 Produktionsfirmen von Frauen — 144
- 13.3 Feministische Online-Medien — 146

14. EINBLENDEN – ABER WIE? — 149

- 14.1 Maßnahmen zur Erhöhung des Frauenanteils hinter der Kamera — 151
- 14.2 Frauen auf den Bildschirm! — 153
- 14.3 Aufbrechen von stereotypen Rollenmustern — 156
- 14.4 Zum Schluss — 157

LITERATUR — 159

VORWORT

Als Schauspielerin und Produzentin beschäftige ich mich mit Geschichten und Bildern – ich bin Teil des »Storytellings«. Ich mache und liebe diese Arbeit, weil ich weiß, dass die Bilder und Geschichten, die wir produzieren, Menschen berühren. Die Bilder, die uns durch die Medien, insbesondere Film und Fernsehen, vermittelt werden, beeinflussen, was wir für möglich halten. Für mich ist damit auch eine große Verantwortung verbunden. Mich interessieren dabei insbesondere die Geschlechterrollen, die durch die Darstellungen in den Medien vermittelt werden und Einfluss auf unsere Vorstellungswelten – und die unserer Kinder – haben.

Dass die Geschlechterdarstellungen in den Medien wirkmächtig sind, wurde bereits vielfach nachgewiesen. Zum Beispiel ist Bogenschießen in den USA in den letzten Jahren der schnellst wachsende Sport bei Mädchen – seit die Heldinnen Katniss in *Die Tribute von Panem* und Merida in *Merida – Legende der Highlands* mit Pfeil und Bogen auf Leinwand und Bildschirm Abenteuer erleben. Und erinnern wir uns an die Serie *Akte X* mit der Figur Dr. Dana Scully, die in den 1990er-Jahren auch in Deutschland ausgestrahlt wurde. Kürzlich wurden in den USA über 2000 Frauen befragt, die in MINT-Berufen arbeiten. Zwei Drittel der befragten Frauen sagten, dass Scully ein wichtiges Vorbild für sie war. Und man hat festgestellt, dass Frauen, die regelmäßig *Akte X* angeschaut haben, mit 50 Prozent mehr

Wahrscheinlichkeit später in einem MINT-Berufen arbeiten, als Frauen, die es nicht regelmäßig oder gar nicht angeschaut haben.

Meine Tochter Elisabeth und ich beschäftigen uns schon seit einiger Zeit mit dem Schutz von Frauen und Mädchen vor Gewalt, vor allem im globalen Süden. Aber uns wurde immer mehr bewusst, dass hier in Deutschland auch noch vieles im Argen liegt, dass die Missachtung und Herabwürdigung von Frauen, die den Nährboden für Gewalt und Missbrauch liefert, auch hier stark verbreitet ist. So haben wir die MaLisa Stiftung gegründet mit dem Ziel, zu einer Gesellschaft beizutragen, in der alle Geschlechter ihre Potenziale voll entfalten können. Der Wirkmacht der Bilder bewusst, haben wir unseren Schwerpunkt auf das Thema »Geschlechterdarstellungen in den Medien in Deutschland« gelegt. Unser Motto ist »sichtbar heißt machbar«.

In den USA werden schon seit geraumer Zeit regelmäßig Daten dazu erhoben. Besonders beeindruckt hat mich die Arbeit des Institute on Gender in Media, das Geena Davis bereits 2004 gegründet hat. Unter dem Motto »If she can see it, she can be it.« nutzt sie Forschungsergebnisse, um die Medienbranche zu der Schieflage in Sachen Geschlechterdarstellungen zu sensibilisieren und Veränderungen zu bewirken.

Als ich begann, mich mit diesen Fragen zu beschäftigen, gab es in Deutschland bereits eine gute Datenlage zu Frauen und Männern als Filmschaffende (die eine starke Unterrepräsentanz von Frauen in fast allen Gewerken belegt), aber es gab noch keine umfassenden Daten zu der Darstellung der Geschlechter auf Bildschirm und Leinwand. Mein Bauchgefühl sagte mir, dass es auch bei uns eine Schieflage gibt, aber als Naturwissenschaftlerin – ich bin bekennende »Zahlen-Nerd« – wollte ich mich nicht auf ein Bauchgefühl verlassen, sondern die Daten und Fakten auf den Tisch bringen. Mit Prof. Dr. Elizabeth Prommer haben wir in Deutschland eine hervorragende Wissenschaftlerin, die zu diesen Themen arbeitet, und so haben wir uns bald gefunden, um diese Datenlücke in Deutschland zu schließen. Dank der Expertise von Prof. Dr. Prommer und Dr. Christine Linke konnten wir sicherstellen, dass die Themen mit den relevanten Fragestellungen wissenschaftlich solide und praxisnah erforscht werden konnten.

Es war mir wichtig, dies gemeinsam mit der Branche zu machen. Als ich auf die vier großen deutschen Sendergruppen und drei große Filmförderanstalten zugegangen bin, habe ich mich sehr gefreut, dass ich sozusagen »offene Türen eingerannt« habe, und dass wir gemeinsam die erste umfassende Studie zu Geschlechterdarstellungen im deutschen Film und TV auf den Weg bringen konnten. Es war in vieler Hinsicht ein wirkliches Novum: Zum ersten Mal überhaupt hat in Deutschland eine Kooperation all dieser Institutionen stattgefunden.

Seit die Ergebnisse vorliegen, wissen wir, dass es eine Schieflage in den Geschlechterdarstellungen im deutschen TV und Kino gibt. Dieses Buch präsentiert die Forschungsergebnisse und erzählt, was seit ihrer ersten Veröffentlichung geschehen ist. Es beschreibt ein »Work in Progress« und inspiriert uns, uns weiterhin für mehr Diversität auf Bildschirm und Leinwand einzusetzen. Kino und Fernsehen in Deutschland wird reicher, wenn es unsere Gesellschaft in all ihrer Vielfalt abbildet und Vorbilder bietet, die uns allen – vor allem der nächsten Generation – neue und breitere Perspektiven und Möglichkeiten eröffnen. Wir haben uns dafür auf den Weg gemacht und werden diesen gemeinsam mit vielen Partnerinnen und Partnern weiter verfolgen. Ich bin zuversichtlich, dass wir in wenigen Jahren positive Veränderungen sehen werden. Und ich bin dankbar, dass wir für die wissenschaftliche Begleitung weiterhin auf die Expertise von Elizabeth Prommer und Christine Linke zählen können.

Dr. Maria Furtwängler (MaLisa Stiftung) im März 2019

1. WARUM DIESES BUCH

Weil es 2019 ist? Braucht es auch heute noch eine Studie, die untersucht, wie viele Frauen und Männer auf unseren Fernsehbildschirmen und Kinoleinwänden zu sehen sind? Warum ist es wichtig zu wissen, was wir im Fernsehen und im Kino sehen? Und was bedeutet es für unsere Gesellschaft, in welchen Rollen Menschen dort sichtbar werden? Als wir mit der Planung unserer Studie *Ausgeblendet – Frauen im deutschen Film und Fernsehen* – damals noch unter dem Titel *Audiovisuelle Diverstität?* – anfingen, war uns die Bedeutung des Themas bewusst. Allerdings konnten wir noch nicht wissen, was für ein heiß umkämpftes Thema wir anpacken würden. Zur Berlinale im Februar 2016 begannen die ersten Planungen. Da war vom Hashtag #MeToo noch keine Rede. Erst im Oktober 2017 kam der Weinstein-Skandal auf und etwas später wurden in Deutschland die Affären um Dieter Wedel bekannt.

»Weil es 2015 ist«, antwortete der kanadische Premierminister Justin Trudeau auf die Frage, warum sein Kabinett zur Hälfte aus Frauen bestehe. Deutschland aber liegt auch in 2019 bei Fragen der Gleichberechtigung der Geschlechter hartnäckig zurück. Es gibt einen deutlichen Gender-Pay-Gap, unabhängig davon wie dieser berechnet wird (FRATSCHER 2018). Die freiwillige Selbstverpflichtung von DAX-Unternehmen, mehr Frauen in die Vorstände zu holen, führte zu keiner signifikanten Erhöhung. Zwar wirkt die gesetzliche Quote bei Aufsichtsrätinnen, aber nur dort und nicht in den anderen Bereichen von

Unternehmen (GURK 2018). Die einprägsamen Bilder von rein männlichen Regierungsmannschaften, wie die Führungsebene des Innenministeriums in 2018 zeigt, kommen hinzu.

Seit Jahrzehnten studieren an deutschen Hochschulen gleich viele Frauen wie Männer, doch es gibt nur 23 Prozent Professorinnen. Auch in Studiengängen, die zu zwei Dritteln von Frauen absolviert werden, arbeiten maximal ein Drittel Professorinnen, wie die Zahlen des Bundesamtes für Statistik eindrücklich zeigen (DESTATIS 2016). Studien, die die Gründe für die Benachteiligung von Frauen in Wissenschaft und Wirtschaft aufzeigen, sind unzählig. Und doch verändert sich erstaunlich wenig. Diese Ungleichheiten zeigen sich auch in der Medienbranche. So studieren an den Filmhochschulen seit Jahren fast gleich viele Frauen wie Männer das Fach »Regie« und doch werden Fernsehsendungen nur zu einem Fünftel von Frauen inszeniert (BVR 2017). Die Journalistinnen-Vereinigung ProQuote Medien beklagt regelmäßig, dass unter 100 ChefredakteurInnen in deutschen regionalen Tageszeitungen nur zwei bis drei Frauen zu finden sind. Dabei sind die Studierenden von Medien- und Kommunikationswissenschaft sowie von Journalistik-Studiengängen ebenfalls seit Jahren überwiegend weiblich. Die Liste der Ungleichheiten und strukturellen Benachteiligungen von Frauen kann beliebig lang fortgesetzt werden.

Warum passiert so wenig in Fragen der Geschlechtergerechtigkeit? Kann es sein, dass die Bilder, die wir im Fernsehen und im Kino sehen und die vorgeben, die Realität abzubilden, möglicherweise den Fortschritt der Gesellschaft in Fragen der Geschlechterparität aufhalten?

Aus der Medienwirkungsforschung wissen wir, dass es keine einfachen und linearen Erklärungsmuster für die Wirkung von Nachrichten, Serien oder Filmen auf uns gibt. Es ist nicht das *eine* Fernsehprogramm, das wir sehen und das uns aggressiv macht oder unsere politische Meinung beeinflusst. Es sind vielmehr verschiedene Puzzleteile, die zusammengesetzt die Wirkung der Medien darstellen. Die Sozialisationsforschung zeigt, dass Medien ein wichtiger Bestandteil beim Heranwachsen unserer Kinder und Jugendlichen sind, denn durch sie wird das Bild, das wir uns von unserer Gesellschaft machen, geprägt und ausgehandelt. Dank der Kultivierungstheorie ist bekannt, dass vor allem Bereiche, die wir aus dem echten Leben nicht kennen, durch Bilder aus den Medien geprägt werden. Die Agenda-Setting-Forschung belegt, dass die Medien uns weniger darin beeinflussen, *wie* wir über etwas denken, sondern *welche Themen* uns beschäftigen. Die derzeit viel diskutierte Framingtheorie (WEHLING 2016) zeigt, dass Medieninhalte uns durchaus den Interpretationsrahmen vorgeben.

Eine Vorreiterin in Fragen der Gleichstellung von Frauen hinter der Kamera und auf den Bildschirmen ist die Schauspielerin und Filmproduzentin Geena Davis. Sie gründete 2004 das Geena Davis Institute on Gender in Media, um für mehr Gleichberechtigung zu werben. Sie hat es mit den Worten »If she can see it, she can be it.« prägnant formuliert: Möglichkeiten und Vorstellungsräume brauchen durchaus Vorbilder. Das heißt, nur das was wir sehen und damit kennen, kann unsere Vorstellung beeinflussen. Sehen wir aber keine Frauen in naturwissenschaftlichen Berufen, dann können wir uns gar nicht vorstellen, dass dies berufliche Optionen sind. Das beeinflusst natürlich unsere Kinder, beispielsweise bei ihrer Berufswahl. Gerade Mädchen finden nur wenige Vorbilder. Wie groß der Einfluss aber sein kann, zeigen die vielen Forensikerinnen in US-Fernsehserien. Unter dem Schlagwort ›Scully-Effekt‹ oder ›CSI-Effekt‹ werden die Phänomene zusammengefasst, die darauf hinweisen, dass die zahlreichen kriminologischen Forensikerinnen und naturwissenschaftlichen Ermittlerinnen im US-Fernsehen junge Frauen inspiriert haben, diese Berufe zu ergreifen (GDIGM 2018b). Insgesamt stieg der Anteil an Frauen in diesen Studiengängen bis zu 75 Prozent an, auch die MitarbeiterInnen in den forensischen Laboren sind in den USA zu 60 Prozent weiblich. Die Hälfte der befragten Frauen, die in naturwissenschaftlichen Berufen arbeiten, geben an, dass sie die Protagonistin Scully aus der Erfolgsserie *Akte X* kennen und von ihr inspiriert wurden (GDIGM 2018b: 4).

Bogenschießen wurde populär, nachdem die Jugendbuchreihe *Tribute von Panem* verfilmt wurden und die starke weibliche Hauptrolle mit Pfeil und Bogen die Welt rettete. Die Liste der Beispiele lässt sich fortsetzen.

Als MedienforscherInnen wissen wir, dass nicht die einzelne Sendung und nicht der eine Film eine übermächtige Wirkung auf das Publikum haben. Vielmehr ist es die Sozialisation durch und mit Medien, die uns prägt und unsere Bilder sowie Vorstellungen der Realität kultiviert.

Wie Frauen und Männer in den Medien dargestellt werden, erzeugt also »Realitätsvorstellungen und Identitätsentwürfe« von Geschlecht (KLAUS 2005: 35), die uns maßgeblich mitbestimmen. Wichtig ist hier, dass Medien nicht ein Spiegelbild der Gesellschaft liefern, sondern die Rollen und Geschlechterbilder produzieren und damit zementieren (ebd.: 35)

Laura Mulvey argumentiert, dass die Darstellung von Frauen in den Medien durch den »male gaze«, also einen dreifachen männlichen Blick, geschieht (MULVEY 1975, 1994). Ein männlicher Regisseur und ein männlicher Kameramann inszenieren Frauen für einen männlichen Zuschauer. Zahlreiche weitere Untersuchungen bestätigen diese These. Somit können wir von einem konstruierten und durch den männlichen Blick beeinflussten Frauenbild in den Medien ausgehen (LÜNENBORG/MAIER 2013).

Ausgangslage ist ein »diffuses Gefühl«, wie es die Initiatorin der hier vorliegenden Studie, Maria Furtwängler, beschreibt. Frauen kommen gefühlt im deutschen Fernsehen und Kino seltener vor und wenn, dann vor allem als junge Frauen. Dieses »Unbehagen« wollten wir auf eine empirische Basis stellen, da es für Deutschland keine repräsentativen Daten gab. Für uns bedeutete dies als Ausgangsthese: Frauen sind in deutschen Medien unterrepräsentiert und werden seltener in bestimmten Rollen und Berufen gezeigt.

Es liegen zwar viele Gender-Studien zu einzelnen Genres, wie etwa zu Soap-Operas (DÖVELING/KICK 2015) oder Kinderfernsehen (GÖTZ 2006) vor, aber keine für das Gesamtfernsehen repräsentative oder das Kino umfassende Studie.

Ziel der Untersuchung *Ausgeblendet – Frauen im deutschen Film und Fernsehen* war also, erst einmal eine wissenschaftlich fundierte und repräsentative Bilanz des Ist-Zustandes zu liefern. Um dies gewährleisten zu können, war es wichtig, möglichst viele Sender repräsentativ zu untersuchen und auch Kinofilme miteinzubeziehen.

Durch die Initiative von Maria Furtwängler konnten die öffentlich-rechtlichen Fernsehsender, die beiden großen Senderfamilien des privatkommerziellen Fernsehens und die Filmförderungen als Partner gewonnen werden. An der Studie finanziell beteiligt waren: die ARD - DAS ERSTE, das ZDF, die RTL-Familie, die ProSiebenSat.1-Familie, die Film- und

Medienstiftung NRW, die Filmförderungsanstalt und der FilmFernsehFonds Bayern sowie die MaLisa-Stiftung von Maria und Lisa Furtwängler. In dieser Kooperation unterstützten die öffentlich-rechtlichen Sender, die Privaten und die Filmförderungen erstmals gemeinsam eine Studie. Gleichzeitig wurden die Partner in die Entwicklung des Analyseinstruments und vor allem in die Veröffentlichungsstrategie eingebunden. Rechtlich gesehen handelt es sich aber nicht um eine Auftragsstudie, sondern um eine wissenschaftliche Studie, bei der das Institut für Medienforschung der Universität Rostock inhaltlich und methodisch immer federführend und unabhängig war und keinerlei Rücksprache in puncto Anlage oder Ergebnisse gehalten hat.

Nicht nur die Studie wurde kooperativ geplant, auch die Publikations- und PR-Strategie war langfristig in Abstimmung miteinander angesetzt. Die beauftragte PR-Agentur organisierte eine Pressekonferenz für den 12. Juli 2017. Vorab wurden in einem Kamingespräch mit Leitmedien Informationen verteilt. Gleichzeitig staffelten wir die Ergebnisse, sodass über einen längeren Zeitraum immer weitere Informationen veröffentlicht werden konnten. Die Hauptergebnisse wurden kurz und knapp zur Pressekonferenz am 12. Juli mit Fokus aufs Fernsehen präsentiert. Erkenntnisse zum Kinderfernsehen wurden vier Monate später in München auf der Konferenz des Internationalen Zentralinstituts für das Jugend- und Bildungsfernsehen (IZI) zum Thema *Starke Mädchen – starke Jungs?* vorgestellt; die zum Kino auf der Berlinale 2018. Zwischendurch wurden Detailergebnisse noch auf Konferenzen wie den Münchner Medientagen oder dem Fernsehfest in Baden-Baden präsentiert.

Das vorliegende Buch *Ausgeblendet* illustriert die wesentlichen Ergebnisse der Studie, die wir ursprünglich *Audiovisuelle Diversität? Geschlechterdarstellungen in Film und Fernsehen in Deutschland* tauften, es erläutert das methodische Vorgehen und bettet die Erkenntnisse in die internationalen Diskurse ein. Schwerpunkte sind dabei die Ergebnisse zum Fernsehvollprogramm, also das Fernsehen für Erwachsene, zum Kino und zum Kinderfernsehen. Einleitend wird der Forschungsstand ausführlicher aufgearbeitet.

Im Kapitel 11 erweitern wir den Fokus und untersuchen den Zusammenhang zwischen den Positionen hinter der Kamera und der Präsentation von Frauen auf dem Bildschirm. Wir wollen wissen, ob das Geschlecht von Regie oder Drehbuch eine Rolle für die Sichtbarkeit von Frauen spielt.

Eine Analyse der Pressereaktionen auf unsere Studie rundet das Bild ab. Hier ist anzumerken, dass vor allem das Interview von Claus Kleber mit Maria Furtwängler im *heute journal* vom 12. Juli 2017 und der Frage, ob wir mit unserer Studie die Menschen umerziehen wollten, einen größeren Diskurs in den Online-Medien ausgelöst hat. Es zeigte sich auch für uns, dass die Themen Geschlechtergerechtigkeit und Genderfragen vor allem in den sozialen Medien heiß umkämpft und kontrovers diskutiert werden.

Abschließend werden wir die Maßnahmen skizzieren, die die Sender und Filmförderung durchführen wollen und schließlich aufzeigen, welche anderen Maßnahmen möglich sind.

Wir haben durch diese Studie in den letzten Monaten mit vielen Menschen sprechen dürfen, die durchaus unterschiedliche Ansichten haben, doch vor allem großes Interesse an unserer Studie zeigten. Dieses Buch ist uns daher wichtig, zum einen um den Ist-Zustand systematisch und nachvollziehbar aufzuzeigen und zum anderen um deutlich zu machen, dass es in den letzten Jahrzehnten einen Stillstand teils sogar Rückschläge hinsichtlich der gerechten und diversen Darstellungen der Geschlechter in Film und Fernsehen gab. Wir haben viele konstruktive und engagierte Diskussionen geführt und möchten diese zuletzt mit diesem Buch weitertragen. Darum 2019 dieses Buch zu *Ausgeblendet – Frauen im deutschen Film und Fernsehen*.

2. FORSCHUNGSSTAND: GESCHLECHTERBILDER IN FERNSEHEN UND KINO

2.1 FERNSEHEN

Studien zur Darstellung der Geschlechter im deutschen Fernsehen arbeiten seit vielen Jahren heraus, dass Frauen im Vergleich zu Männern erheblich unterrepräsentiert sind (zusammenfassend u. a. bei KLAUS 2005; JACOBSON 2005; exemplarisch für Nachrichten: GALLAGHER 2005). Als Klassiker gilt die Küchenhoff-Studie aus der Mitte der 1970er-Jahre (KÜCHENHOFF/BOSSMANN 1975), die für Deutschland als erste das Frauenbild in verschiedenen Fernsehgenres in den Fokus rückte. Damals zeigte sich eine starke quantitative Unterrepräsentanz weiblicher Figuren. Zudem hatten Frauen kaum Anteil an ernsten Handlungssträngen oder an Gesprächen mit gesellschaftlicher Relevanz. So lautet das Fazit von Küchenhoff und Boßmann: »Männer handeln, Frauen treten auf« (ebd.: 142). 15 Jahre nach Küchenhoff ermittelte Monika Weiderer (1993) zwar ein erweitertes Frauenbild im Fernsehen, stellte aber heraus, dass Frauen in der Regel in einer nachrangingen beruflichen Position gezeigt wurden. Auch im Untersuchungsjahr 1990 kamen Frauen seltener vor, waren stereotyp jung, schlank und makellos schön. Frauen höheren Alters kamen kaum vor. Im Gegensatz zur Küchenhoff-Studie waren Frauen in Nachrichten nun etwas häufiger zu sehen und die

Themen waren nicht mehr so eingeschränkt, aber der Sprachanteil von Frauen in Informationssendungen machte weniger als die Hälfte desjenigen der Männer aus. Weiderer konnte für Frauen in den Nachrichten 193 Sekunden Sprachanteil ermitteln und für Männer 499 Sekunden (WEIDERER 1993). Als Fazit stellt Weiderer fest, dass Frauen nach wie vor nachranging dargestellt werden.

Elisabeth Klaus fasst in ihrer Synopse der Forschungsergebnisse (2005) die Ergebnisse von Küchenhoff und Weiderer anschaulich zusammen. Die letzte umfassende Analyse von Lukesch et al. stammt aus dem Jahr 2004. Eine Stichprobe von ca. 440 Stunden öffentlich-rechtlichem und privat-kommerziellem Fernsehen zeigte erneut, dass Frauen seltener vorkamen als Männer – mit einem Verhältnis von 35 zu 65 Prozent. Auch damals stellten die AutorInnen fest, dass Fernsehen kein Spiegelbild der Gesellschaft zeigt, sondern dass Frauen auch hier wieder jung und schön sein müssen.

Auffällig ist, dass es keine aktuellere repräsentative Studie für die Geschlechterbilder im Fernsehen in Deutschland gibt. Diese Frage nach der Sichtbarkeit der Geschlechter ist nur am Rande Bestandteil der regelmäßigen Programmforschung der Fernsehsender. In den jährlichen Programmanalysen, die beispielsweise in der Fachzeitschrift *Media Perspektiven* (KRÜGER et al. 2018: 260) veröffentlicht werden, wird das Geschlecht der Akteure für non-fiktionale Sendungen zwar ausgewiesen, allerdings werden die Nachrichten dabei ausgespart. Eine Analyse nach Funktion und Alter erfolgt nicht.

Betrachtet man spezifische Genres wie die fiktionale Fernsehserie, dann zeigen bisherige Studien (WEIDERER 1995; EXTERNBRINK 1992; WENGER 2000; SCHEER 2001), dass die Darstellung von Frauen in Serien der 1990er-Jahre überwiegend auf Partnerschaft und Familie ausgerichtet ist. Die weiblichen Charaktere werden gegenüber ihren Partnern untergeordnet präsentiert und sind meist durch einen niedrigeren Sozialstatus gekennzeichnet. Dies gilt vor allem hinsichtlich ihrer beruflichen Situation, da sie in den untersuchten Serien eher die untergeordneten Positionen einnehmen (DÖVELING/KICK 2015).

Katrin Döveling und Isabel Kick (2015) ermitteln neue Formen der alten Festschreibungen. So finden sie in ihrer Studie *Die Frau in der Serie*.

ABBILDUNG 1

Die Ergebnisse von Küchenhoff und Weiderer im Vergleich

Genre Format	medieninterne bzw. -externe Funktion	Küchenhoff (K)	Weiderer (W)	Quelle/Seite
Fiction				
Spielhandlung	Haupt- oder bedeutende Nebenrolle	32,00%	-35,30%	K: 52; W: 89
Quiz und Show	Show-/ QuizmasterIn	18,50%	-22,40%	K: 120; W: 209
	AssistentInnen	83,50%	-88,90%	
	KandidatInnen	46,30%	-49,40%	
Non-Fiction				
Dokumentarfilm	AnsagerInnen	83,60%	81,80%	K: 160; W: 235
	ModeratorInnen	23,70%	44,30%	K: 163; W: 240
	SprecherInnen Beiträge	14,00%	36,20%	K: 165; W: 260
	AutorInnen Beiträge	15,00%	38,50%	K: 167; W: 261
	auftretende Personen bzw. HandlungsträgerInnen	29,10%	26,60%	K 172; W: 255
	zu Wort kommende bzw. interviewte Personen	27,80%	27,40%	K: 177; W: 263
	PolitikerInnen	3,00%	12,90%	K:177; W:267
	FunktionärInnen	2,30%	13,50%	
	ExpertInnen	2,30%	13,50%	
	Betroffene		39,00%	
	Alltagspersonen	32,20%	39,70%	
Nachrichten	ModeratorInnen	0,00%	31,50%	K: 237; W:279
	medieninterne Präsenz bzw. SprecherInnen Beiträge	4,40%	26,40%	K: 229; W: 289
	HandlungsträgerInnen	5,90%	12,00%	
	PolitikerInnen	3,20%	6,60%	W:304
	FunktionärInnen	3,50%	7,10%	
	ExpertInnen	0,90%	4,30%	
	Betroffene		21,30%	
	Alltagspersonen	33,00%	35,70%	

Quelle: Klaus 2005

Beispielhaft für positive Veränderungen sind vor allem die *Tatort*-Kommissarinnen. Aktuell weist die ARD-Webseite über die Jahre 28 männliche und 20 weibliche *Tatort*-KommissarInnen auf. Dies macht einen Frauenanteil von 42 Prozent (Oktober 2018). Beim restlichen Cast werden 60 Prozent der Rollen mit Männern besetzt, wie Belinde Ruth Stieve in ihrem Blog *SchspIN* für 2015 zeigt. Ähnliche Rollenverteilungen gibt es beim ARD-Mittwochsfilm (60% Männer) oder beim ZDF-Fernsehfilm der Woche. Auffällig sind jedoch die Altersgruppen: Während Männerrollen größtenteils zwischen 50 und 55 Jahren liegen, sind Frauenfiguren selten älter als 45 Jahre. Die Analysen von Stieve sind exemplarisch auf einzelne Sendeplätze und Formate bezogen.

ABBILDUNG 3
Anteil von Frauen im Tatort und ZDF-Fernsehfilm

	Frauenfiguren älter als 50 Jahre	Männerfiguren älter als 50 Jahre
ARD Tatort 2013	18%	40%
ZDF Fernsehfilm der Woche 2013	26%	43%
ARD Mittwochsfilm 2014	26%	37%

Quelle: Stieve 2015

2.4 INFORMATIONSSENDUNGEN IM FERNSEHEN

Schon bei einfachem Nachzählen zeigt sich die seit Jahrzehnten unveränderte Dominanz von Männerfiguren im Bereich der Fernsehinformation. Das Global Media Monitoring Project (GMMP 2015; GALLAGHER 2005) zum Beispiel erhebt im Fünf-Jahres-Takt die Präsenz von Frauen in den Nachrichten. Hierbei zeigt sich unter anderem, dass über Männer deutlich mehr berichtet wird als über Frauen (72% zu 28%).

Eine interne Studie verschiedener europäischer Fernsehsender (EIE 1998) untersuchte die Jahre 1997 bis 1998 für einige skandinavische Sender und das deutsche ZDF. Dabei wurde explizit erfasst, wie viele Männer und Frauen zu Wort kommen, die Länge der Sprechdauer und ihre Funktionen. Untersucht wurde die Primetime einer künstlichen Woche.

Die Ergebnisse zeigen einen Frauenanteil von 29 Prozent für das ZDF. Damit lag das ZDF im Mittelfeld, jedoch mit einem geringerem Frauenanteil im Vergleich zu Sendern in Schweden und Finnland. Inhaltlich gibt es den höchsten Frauenanteil bei Sendungen, in denen es um menschliche Beziehungen, Familie, Gesundheit und soziale Themen geht. Den geringsten Frauenanteil findet man im Sport, in Technik und Wissenschaft sowie bei Wirtschaftsthemen. Die Studie unterschied zwischen internen Mitarbeiterinnen und Mitarbeitern, also den Journalistinnen, Moderatorinnen und Reporterinnen der Sender und externen Personen, wie Politiker und Experten, die zu Wort kamen. Dabei gibt es keine wesentlichen Unterschiede: Frauen kommen gleich selten vor. Ein interessantes Ergebnis betrifft die akademischen Titel, die eine Person möglicherweise hat, wie zum Beispiel Professorin oder Doktorin. Dabei zeigt sich, dass Männer häufiger mit ihren formalen Titeln vorgestellt werden als Frauen.

2.5 FORSCHUNGSSTAND KINDERFERNSEHEN

Der empirische Blick ins deutsche Kinderfernsehen zeigte vor zehn Jahren: Es gibt die starken Mädchenfiguren, aber deutlich häufiger sind männliche Darsteller die Helden des Kinderfernsehprogramms. Insbesondere bei Zeichentrickangeboten dominieren sie mit 80 Prozent bei den Hauptrollen. Dies zeigte die Analyse des Internationalen Zentralinstituts für das Jugend- und Bildungsfernsehen (IZI), bei der für die »Bestandsaufnahme zum Kinderfernsehen« 474 Sendungen im deutschen Kinderfernsehen hinsichtlich der geschlechterspezifischen Verteilung und Tendenzen in den Hauptrollen untersucht wurden. Maya Götz (2006) stellt fest, dass Männer oder männliche Figuren im Kinderprogramm vorherrschen. Insgesamt waren drei Viertel (74%) der Hauptfiguren männlich und nur 26 Prozent mit einem weiblichen Charakter besetzt. Die Unterschiede zwischen den privaten und öffentlich-rechtlichen Sendern waren marginal (3%).

Im Fiktion-Bereich sind die Hauptfiguren zu 64 Prozent männlich. Zu 26 Prozent teilen sie sich die Hauptrolle mit einer weiblichen Figur als Duo und nur zu 10 Prozent sind Mädchen oder Frauen die zentralen

Figuren. Stehen Mädchen im Mittelpunkt, so kommen sie vor allem in zwei Stereotypen vor. Neben der frechen Rothaarigen kennzeichnen Mädchenfiguren vor allem eins: Sie sind schön, ausgesprochen schlank und haben meist lange, blonde Haare.

Im Rahmen einer internationalen vergleichenden Analyse des Kinderfernsehens wurden ein Jahr später 154 Stunden Kinderprogramme mit insgesamt 580 Sendungen untersucht. Der Schwerpunkt der Studie lag dabei auf den Hauptfiguren der fiktionalen Programme, die zu 31 Prozent weiblich und zu 69 Prozent männlich waren. Solange es sich um menschliche Figuren handelte, lag der Geschlechterunterschied bei 39 Prozent weiblichen zu 61 Prozent männlichen Figuren. Sobald es sich bei den fiktionalen Figuren, die zu einem Großteil (89%) aus Zeichentrick bestanden, um Fantasiefiguren handelte, sank der Anteil von weiblichen Figuren auf 25 Prozent bei Tieren, auf 13 Prozent bei Robotern, Maschinen sowie magischen Kreaturen und auf 7 Prozent bei Pflanzen.

ABBILDUNG 4
Geschlechterverteilung der Hauptfiguren im Kinderfernsehen

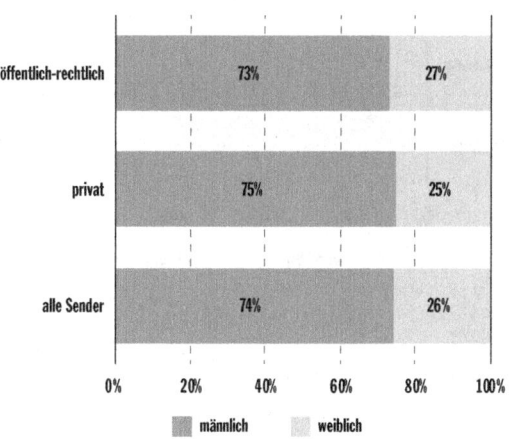

Quelle: Götz 2006: 4

Im Anschluss an unsere Studie *Audiovisuelle Diversität* wurde das internationale Kinderfernsehen erneut untersucht (GÖTZ et al. 2018). Mit einer Stichprobe von jeweils drei Fernsehtagen (ca. 170 Stunden Kinder-

ABBILDUNG 5
Vergleich des Anteils von weiblichen Hauptfiguren
im fiktionalen Kinderfernsehen 2007 und 2017

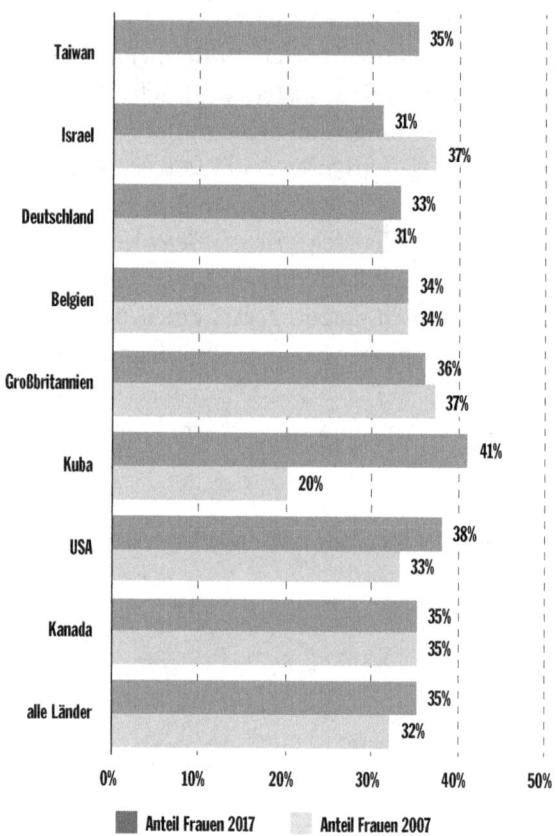

Quelle: Götz et al. 2018: 62

programm) in sieben Ländern zeigen sich kaum Veränderungen zum Untersuchungszeitraum zehn Jahre früher. Der Anteil an weiblichen Hauptfiguren stieg international innerhalb dieser Zeit lediglich um drei Prozent an, was im Rahmen einer statistischen normalen Schwankung liegen kann. Für Deutschland zeigt sich der geringe Anstieg von zwei Prozent. Bis auf wenige Ausnahmen ist die Unterrepräsentation von Mädchenfiguren im Kinderfernsehen international gleich. Dies liegt unter anderem am globalen Fernsehmarkt, da viele der Animationsprogramme in mehreren Ländern gezeigt werden.

Mädchenfiguren zeichnen sich vor allem durch magische Kräfte und ihre sozialen und kommunikativen Konfliktlösungskompetenzen aus, Jungs lösen Probleme mit Kraft oder durch die Nutzung von Technik und Wissenschaft (GÖTZ et al. 2018: 6).

2.6 KINO

Ein ähnliches Bild zeigt sich beim Kino. Allerdings fehlen auch hier spezifische Studien für den deutschen Film.

Für die jährliche Analyse des Geena Davis Instituts werden jeweils die 100 Kinofilme mit den höchsten Einspielergebnissen in den USA untersucht. Inzwischen sind über 1.100 Filme in der Stichprobe. Für das Jahr 2017 liegt der Frauenanteil bei 32 Prozent, ein Wert, der sich über die letzten 15 Jahre kaum verändert hat (SMITH/CHOUEITI/PIEPER 2018). So waren zwischen 1990 und 2005 nur 28 Prozent der Charaktere weiblich. Die aktuellen Zahlen zeigen Unterschiede in Bezug auf die Genres, so sind Frauen in Komödien (42,9%) häufiger in einer Hauptrolle zu sehen, seltener dagegen in Actionfilmen (24,5%). Hollywood zeigt wenig Diversität in seinen Blockbustern: 70 Prozent der Charaktere sind weiß und nur in wenigen Filmen gibt es eine LGBTQ-Figur (19%).

Bei der Auszählung von Gruppenszenen verschärft sich dieses Ergebnis noch einmal, denn hier sind nur 17 Prozent der Charaktere weiblich. Es sind also nicht nur deutlich mehr männliche Figuren zu finden, sie sind auch schlicht und ergreifend sehr viel häufiger zu sehen. Dies bestätigt sich noch einmal bei der Analyse der Erzähler aus dem Off, die zu 83 Prozent eine männliche Stimme haben (SMITH/COOK 2008). In der Analyse der 855 erfolgreichsten Kinofilme zwischen 1950 und 2006 kommen Amy Bleakley und Kollegen zu einem ähnlichen Geschlechterverhältnis mit 31 Prozent weiblichen Hauptfiguren, was über die Jahrzehnte relativ stabil blieb. Auffällig ist zudem: Die weiblichen Hauptfiguren werden doppelt so häufig in sexuellen Handlungen gezeigt wie die männlichen (BLEAKLEY/JAMIESON/ROMER 2012).

Die neuste Analyse des Geena Davis Institute on Gender in Media (GDIGM 2016) zeigt, dass – selbst wenn Frauen Hauptrollen im Kinofilm haben – sie deutlich weniger im Bild zu sehen sind (Männer 35%, Frauen 13%) und weniger zu Wort kommen. Denn während die Sprechzeit der Männer in Hauptrollen 33 Prozent des Filmes ausmacht, sind es bei den Frauen in Hauptrollen nur 10 Prozent. Interessanterweise bringen die Filme mit weiblichen Hauptrollen jedoch 16 Prozent mehr Geld an den Kinokassen ein (GDIGM 2018a).

Aktuell nutzt das Geena Davis Institute eine automatisierte Erkennung von Gesichtern und Sprache, um die Sichtbarkeit und Hörbarkeit der Geschlechter zu vergleichen, den »Geena Davis Inclusion Quotient« (GD-IQ). Unabhängig mit welchem Verfahren die Sichtbarkeit von Frauen und Männern ermittelt wird: Es zeigt sich durchgängig eine Unterrepräsentanz von Frauen (GDIGM 2016).

Ebenfalls automatisiert gehen die Datenanalysten der Firma Polygraph vor, die den Sprachanteil von Rollen in Disney-Filmen analysieren. Auch hier zeigt sich ein signifikantes Ungleichgewicht: In drei Viertel der Filme haben Männer mehr als 60 Prozent der Sprachanteile, beim Computeranimationsfilm *Toy Story* sind es sogar 90 Prozent. Aber auch bei Filmen mit weiblichen Hauptfiguren wie bei *Mulan* liegt der männliche Sprachanteil bei über 70 Prozent (ANDERSON/ DANIELS 2016).

Derartige vergleichbare Studien gibt es für das deutsche Kino nicht. Das oben erwähnte Geena Davis Institute untersuchte lediglich exemplarisch die zehn erfolgreichsten deutschen Filme (2010 bis 2012) und ermittelte, dass nur 35 Prozent der Rollen weiblich waren und lediglich 20 Prozent der Filme eine weibliche Hauptrolle hatten. So zeigen sich für das deutsche Kino erhebliche Forschungslücken – eine repräsentative Erfassung der Rollen von Frauen und Männern ist dringend notwendig.

Festzuhalten ist, dass es für Deutschland keine aktuellen, repräsentativen und umfassenden Studien über die Darstellung der Geschlechter in Kino und Fernsehen gibt. Die Daten zum Kinderfernsehen waren zum Start unserer Studie zehn Jahre alt, auch wenn das IZI (Götz et al. 2018) ihre Untersuchung aktualisierte, lassen sich die Zahlen nur vergleichen, wenn diese nach einem einheitlichen Verfahren erhoben wurden. Dringend notwendig war also eine aktuelle Bestandsaufnahme der Geschlechter auf Leinwand und Bildschirm.

3. FRAUENFORSCHUNG, GESCHLECHTERFORSCHUNG UND GENDER STUDIES

Basis für die Perspektive der Gender Studies ist die Erkenntnis, dass Geschlecht eine zentrale Frage menschlichen Zusammenlebens ist: Unsere individuelle Identität, unsere Beziehungen und Gemeinschaften sind gekennzeichnet durch unsere Vorstellungen über Geschlechter. Menschliche Kultur und Gesellschaft sind grundlegend durch Geschlechterdifferenz gestaltet und strukturiert (siehe einführend z.B. BERGMANN/SCHÖSSLER/SCHRECK 2012 sowie BRAUN/STEPHAN 2013) Dabei ist es eine Perspektive, die lange auch in der Wissenschaft vernachlässigt wurde. Die Frage der Geschlechter, und mit ihr verbunden die Frage der Beziehungen und (Macht-)Verhältnisse zwischen diesen, ist zentral in nahezu allen Lebenszusammenhängen und Gebieten der Gesellschaft. Geschlecht ist eigentlich immer und überall präsent und relevant, wird aber möglicherweise genau deshalb wenig reflektiert. Die wichtigen Felder gesellschaftlichen Lebens gilt es aber auch hinsichtlich der Frage von Gender zu verstehen und zu durchdringen. Damit können viele Antworten auf offene Fragen gefunden werden, indem wir unsere Sicht auf Themen und Zusammenhänge erweitern und deutlich machen, wie Gender in diesen Konstellationen bedeutsam ist. Die Gender Studies gehen aber über kultur- und sozialwissenschaftliche Aspekte hinaus. Sie sind vielmehr ein übergreifendes

Forschungs- und Anwendungsfeld, das sich den vielfältigen Fragen der Bedeutung von biologisch, sozial und gesellschaftlich geschaffenen Geschlechterdifferenzen widmet. So zeigen immer wieder medizinische Studien auf, wie unterschiedlich Frauen und Männer bei Krankheit behandelt werden müssten. Die Symptome bei Herzinfarkt sind beispielsweise so unterschiedlich, dass Frauen eine höhere Sterblichkeit haben, wenn sie von einem männlichen Arzt untersucht werden (BERRES/WEBER 2018), da diese offensichtlich nach anderen Symptomen suchen.

Gender kann Judith Butler folgend als soziale Konstruktion von Geschlecht verstanden werden (BUTLER 2003). Sie betont, dass nicht biologische Unterschiede, sondern die sozialen Vorstellungen, Regeln und Rollenentwürfe, die Menschen mit Geschlechtern verbinden, entscheidende Strukturen in sozialen Gefügen schaffen. Wir konstruieren demnach fortwährend nicht nur unsere eigene Geschlechtsidentität, sondern auch ein Bild davon, wie andere Menschen mit ihrem Geschlecht umzugehen und welche Rollen sie in sozialen Situationen einzunehmen haben. Diese Rollen sind in hierarchische Konstellationen eingebunden, ob es Beziehungen und Familien, Religionsgemeinschaften, Vereine, Organisationen oder Nationen sind. Geschlecht ist auf allen diesen Ebenen relevant und dient häufig zu einer Differenzierung von Macht und Einfluss. Wir leben in einer Welt, die nachhaltig von patriarchalen Strukturen geprägt ist, das heißt, dass Menschen männlichen Geschlechts in all diesen Gefügen traditionell mehr Entscheidungen, Möglichkeiten und letztlich auch Machtpositionen zukommen. Im letzten Jahrhundert hat sich eine Auseinandersetzung vor allem mit den damit verbundenen Ungerechtigkeiten vollzogen. Feministische Bewegungen haben hier entscheidende Impulse geliefert. Es hat sich viel getan, aber der Blick in viele Lebensbereiche offenbart nach wie vor den ungleichen Zugang zu Berufen, eine ungleiche Bezahlung und ungleiche soziale Normierung der Geschlechter (FRATSCHER 2018; GURK 2018).

Die sozial- und kulturwissenschaftlichen Gender Studies untersuchen diese ungleichen Bedingungen und wollen ihre Strukturen verstehen. Dabei ermöglicht die Vorstellung von Geschlecht als sozialer Konstruktion, jenseits einer etablierten binären Geschlechterlogik von männlichen und weiblichen Personen zu denken. Diese Perspektive entlarvt ein System der Zweigeschlechtlichkeit, das eine hierarchische Beziehung zwischen der Gruppe der Männer und Frauen aufrechterhält und dabei andere Entwürfe von Geschlecht ausblendet, beziehungsweise als nicht-normal marginalisiert (KESSLER/MCKENNA 1978; HAGEMANN-WHITE 1984). Diese Position ermöglicht nicht nur sichtbar zu machen, dass geschlechtliche Identität vielfältig ist, sondern auch, dass sexuelle Beziehungen zwischen Menschen jenseits von Heterosexualität gestaltet werden. Der Terminus »Heteronormativität« spricht dabei kritisch an, dass nicht nur die binäre Logik der Geschlechter, sondern auch die damit verbundene heterosexuelle Orientierung als die Norm der Sexualität von Menschen postuliert wird. Die Queer-Bewegung und mit ihr verbunden die Queer Studies kritisieren und analysieren diese Zusammenhänge in der Gesellschaft (HARK 2005).

Eine weitere wichtige Strömung für die Gender Studies ist mit dem Begriff der Intersektionalität verbunden: Diese geht zurück auf die US-Anwältin und Bürgerrechtlerin Kimberlé Crenshaw (1989, 1991), die sich seit den 1980er-Jahren gegen die Diskriminierung von afroamerikanischen Frauen im Beruf eingesetzt hat. »Intersektionalität« (Intersectionality) meint eine Verkettung von Ungleichheitsdimensionen, die zu einer Verschränkung und Verstärkung von Ungleichheit und letztlich zu einer Diskriminierung führen. Dies lässt sich mit dem Bild einer Straßenkreuzung vorstellen: Intersektion findet statt, wenn Merkmale wie Geschlecht, Ethnizität, Alter, sexuelle Orientierung, körperliche Beeinträchtigung oder Religion so aufeinandertreffen, dass die Diskriminierungen sich verstärken. Crenshaw konnte vor Gericht etwa zeigen, dass weibliche afroamerikanische ArbeitnehmerInnen wegen ihrem Geschlecht und ihrer Ethnizität doppelt diskriminiert werden. Eindrucksvoll demonstrieren derzeit Aktivistinnen der Black-Lives-Matters-Bewegung, wie sich Intersektionalität in der ungerechten Bezahlung von Frauen verschiedener Ethnien in den USA widerspiegelt.

Ziel unserer Studie ist es, im Sinne der Gender Media Studies die Ungleichheiten und Asymmetrien im Kontext medialer Kommunikationsprozesse zu analysieren (LÜNENBORG/MAIER 2013; DRÜEKE et al. 2017). Hierbei ist die Darstellung in den audiovisuellen Medien ein wichtiger

Forschungsgegenstand (KLAUS 2005). Auch die Auseinandersetzung mit der Diversität von Personendarstellungen in den Medien ist von Bedeutung (LINKE 2016). Durch das Messen, Zählen und Aufzeigen von möglichen Ungleichheiten sollen Veränderungen möglich werden. Uns geht es nicht nur um die formale, sondern um die tatsächliche gleichberechtigte Teilhabe von Frauen am politischen, kulturellen und medialen Leben. Unsere These ist dabei: Solange Frauen nicht gleichberechtigt in den Medien dargestellt werden, behindert dies die Entwicklung zu einer gleichberechtigteren Gesellschaft.

4. METHODE: WIE WURDE DIE STUDIE ANGELEGT UND UMGESETZT?

4.1 AUSWAHL DES DATENMATERIALS UND AUSSAGEKRAFT

Wie bereits beschrieben, liegen die letzten Studien, die eine umfassende Datenbasis zum Geschlechterbild in deutschen Medien vorlegten, länger zurück (z.B. LUKESCH et al. 2004; GÖTZ 2006). Seitdem gibt es zwar vielfältige Untersuchungen, die sich mit dem Thema Diversität und Geschlechterdarstellung beschäftigen. Sie tun dies aber in spezifischen Themenfeldern oder Genres (z.B. Kinderfernsehen oder Journalismus) oder mit einer tiefergehenden Methode, die konkrete Filme oder Formate betrachtet (z.B. Figuren oder Diskursanalyse).

Ziel unserer Arbeit war es daher, erneut eine übergreifende Studie zur Darstellung in den deutschen Medien zu liefern und dabei sowohl das Fernsehen und Kinderfernsehen als auch den Kinofilm abzudecken.

Eine zentrale Frage zu Beginn der Studie war, welches Material mit welchem wissenschaftlichen Verfahren analysiert werden soll. Wir KommunikationswissenschaftlerInnen nutzen Methoden der empirischen Sozialforschung mittels derer wir Daten systematisch sammeln und auswerten. Die Entscheidung für eine solche empirische Methode wird davon geleitet, welches Verfahren bestmöglich dazu beitragen kann, dass die Ausgangsfragen der Forschung beantwortet werden. Der Anspruch ist zudem, bis dato fehlende und innovative Ergebnisse zu liefern und wissenschaftlichen Qualitätsstandards zu genügen. Konkret bedeutet dies: Die Studie muss nachvollziehbar sein und im besten Fall mit ähnlichen Ergebnissen wiederholbar sein.

Unser Anliegen war zudem eine möglichst hohe Aussagekraft der Studie, weswegen die Repräsentativität der Datenbasis eine wichtige Rolle spielte. Um repräsentative Daten zu erheben, muss einiger Aufwand bei deren Erhebung betrieben werden: Zum einen muss eine beachtliche Menge an Material gesammelt werden. Zum anderen muss dieses Material eine statistisch zufällige Auswahl aus der relevanten Menge darstellen. Dann können, wie etwa bei Wahlprognosen üblich, auf Basis dieser Stichprobe mittels statistischer Verfahren gültige Aussagen über die Gesamtheit des Materials getroffen werden.

Unsere Überlegungen waren also folgende: Wir wollen eine umfassende Materialmenge sammeln und das sowohl zu Fernsehen, Kinderfernsehen und Kinofilm. Diese sollen vergleichbar sein und repräsentative Aussagen zu den Forschungsfragen nach Sichtbarkeit, Alter, Funktion der Personen (wie ModeratorIn oder PolitikerIn) beantworten können und auch Aufschluss über eine mögliche Kausalität zwischen der Diversität vor und hinter der Kamera geben.

Um all diese Zielstellungen bestmöglich zu erreichen, haben wir uns für das Verfahren der standardisierten Inhaltsanalyse entschieden. Diese Methode ermöglicht es, große Mengen von Medieninhalten auf der Basis vorab definierter Kriterien auszuzählen und die so ermittelten Daten statistisch auszuwerten.

Das Material wurde mit einer Stichprobe von zwei künstlichen Wochen repräsentativ für das deutsche Fernsehprogramm des Jahres 2016 erhoben. Die Stichprobenziehung erfolgte also aus dem Materialpool des gesamten Fernsehprogrammes 2016 und es wurden zufällig und unabhängig voneinander im Jahresverlauf 14 Tage ausgewählt, wobei jeder Wochentag zweimal (2 Montage, 2 Dienstage usw.) vertreten war und zufällig aus dem Jahresverlauf ausgelost wurde. Wir zogen also eine Stichprobe, die es ermöglicht, repräsentative Aussagen für das komplette Fernsehjahr 2016 zu treffen. Dabei gibt es eine Einschränkung: Wir haben uns auf einen Zeitraum von 14 bis 24 Uhr bei den Vollprogrammen und 6 bis 20 Uhr beim Kinderfernsehen konzentriert. Dies sind die Uhrzeiten, an denen am meisten ferngesehen wird (AGF 2018). Damit sind mit 21 Sendern 76,8 Prozent des Fernsehmarktes repräsentativ abgebildet (AGF 2015). Insgesamt wurden somit ca. 3.500 Stunden Material (2% Irrtumswahrscheinlichkeit und 3% Stichprobenfehler) analysiert.

Für das Kino haben wir eine Vollerhebung aller deutschen Filmproduktionen und Ko-Produktionen der Jahre 2011 bis 2016 vorgenommen. Hier wurde keine Auswahl getroffen, da mögliche Auswahlkriterien nicht so schlüssig vorliegen wie beim Fernsehen und es möglich ist, alle Produktionen zu analysieren.

ABBILDUNG 6
Methoden-Steckbrief

Fernsehen-Vollprogramme	Fernsehen Kinder	Kino
repräsentative Stichprobe 2016	repräsentative Stichprobe 2016	Vollerhebung 2011 - 2016
2 künstliche Wochen 17 Sender von 14 - 24 Uhr	2 künstliche Wochen 4 Sender von 6 - 20 Uhr	alle dt. Filme und Filme mit dt. Beteiligung
alle Dritten Programme, Das Erste, ZDF, ZDF Neo, RTL, RTL2, Vox, ProSieben, SAT1 und Kabeleins 76,8% der Fernsehmarktanteile repräsentativ abgebildet	KiKa, Nickelodeon, Disney Channel und Super RTL 196 Stunden Sendezeit, 2.692 Einzelprogramme	Daten den FFA-Geschäftsberichten entnommen
2.945 Einzelprogramme deutsche Produktionen bzw. dt. Beteiligung mit insgesamt 11.144 ProtagonistInnen und HauptakteurInnen.	2.692 Einzelprogramme (alle Länder) mit 6.205 ProtagonistInnen und HauptakteurInnen 87% fiktionale Programme	883 Filme mit 1.318 ProtagonistInnen 100 Filme in der Detailanalyse jeweils Arthouse und Mainstream Top 10
standardisierte Inhaltsanalyse	standardisierte Inhaltsanalyse	standardisierte Inhaltsanalyse

4.2 METHODE DER INHALTSANALYSE: WER UND WAS WURDE GEZÄHLT?

Für jede Fernsehsendung und jeden Film haben wir alle sichtbar werdenden Personen und ihre Eigenschaften erfasst. Darüber hinaus interessierten wir uns auch für Hinweise zur Produktion (wer führte Regie, wer schrieb das Drehbuch, wer war in der Redaktion beteiligt usw.). Um dies akkurat zählen zu können, haben wir ein Instrument mit genauen Instruktionen und Definitionen entwickelt. Dieses Codebuch dient während der Analyse als Anhaltspunkt um sicherzustellen, dass das Material in richtiger und gleichbleibender Weise erfasst wird. Das Codebuch ermöglicht es auch, auf gewisse Unterschiede im Material einzugehen. Das ist nötig, weil Fernsehen und Kino unterschiedlich strukturiert sind. Auch innerhalb des Fernsehens gibt es Unterschiede zwischen den Fernsehgenres, etwa zwischen Nachrichtensendungen im Bereich Information oder Quizshows im Bereich der non-fiktionalen Unterhaltung. Die Bausteine zur Zählung der unterschiedlichen Teile sollten aber gleich definiert sein, um die unterschiedlichen Formate trotzdem vergleichen zu können. Eine Auseinandersetzung mit den Typen von Fernseh- und Filminhalten und ihre jeweiligen Formate waren daher notwendig.

Die Analyse der Fernsehvollprogramme unterscheidet ganz klassisch die drei Programmsparten Fiktion, non-fiktionale Unterhaltung und Information. Fiktionale Sendungen sind Serien und Fernsehfilme, die erdachte Handlungen und Geschichten erzählen. Bei der non-fiktionalen Unterhaltung sind Formate gemeint, die reale Sachverhalte, Settings und Personen mit vornehmlich unterhaltendem Charakter zeigen, wie zum Beispiel Quizshows, Musiksendungen oder Tierdokumentationen. Zur Programmsparte Information – in der Kommunikationswissenschaft nennen wir sie »Publizistik« – gehören Formate, die Informationen, Debatten und Meldungen präsentieren, etwa Nachrichtensendungen und Gesprächsrunden. Jede der drei Programmsparten kann nochmals nach unterschiedlichen Formaten differenziert werden (s. Abb. 7). Die Einteilung der Programmsparten haben wir teilweise von Weiß, Beier und Wagner (2015) übernommen, erweitert und angepasst.

Bei der Sichtung des Materials der verschiedenen Bereiche haben wir einige Erweiterungen beziehungsweise Differenzierungen vorgenommen. Dies wurde nötig, da einzelne Formate sich nicht immer eindeutig den Bereichen zuordnen lassen: Bei Reality-TV-Formaten ist nicht immer ersichtlich, ob die Handlung auf einem fiktiven Drehbuch basiert oder tatsächlich reale Personen authentisch agieren.

Daher haben wir hier eine Unterscheidung zwischen fiktionalisiertem und performativem Reality-TV eingeführt, die in der Programmsparte nonfiktionale Unterhaltung angesiedelt ist. Dieses Phänomen kann auch in journalistischen Bereichen beobachtet werden und wird als »Hybridisierung der Genre« bezeichnet (Z.B. LÜNENBORG 2005).

ABBILDUNG 7
Fernsehgenres

TV Vollprogramm (17 Sender)		
Programmsparten	Standardformate	Reality-Formate
fiktionale Unterhaltung	Kinospielfilme Fernsehfilme Fernsehserien	
nonfiktionale Unterhaltung	Quiz-/Unterhaltungsshows Late-Night-Shows Comedyshows Satireshows Kochshows Musiksendungen Tiersendungen	fiktionalisiert: gescriptete Doku-Soaps gescriptete Gerichts- und Personal-Help-Shows performativ: Castingformate Coachingformate Improvementformate Personensuchformate usw.
Fernsehinformation	Nachrichtensendungen Magazine Reportagen Dokumentationen Interviewformate Talkformate Sportsendungen	Doku-Soaps Daily Talks

Für jede Programmsparte wurden die für sie auszeichnenden Figuren gezählt. Da unterschiedliche Programmsparten untersucht wurden, mussten unterschiedliche Definitionen der zentralen Figuren verwendet werden. Dabei gibt es in der Film- und Fernsehwissenschaft eine rege Auseinandersetzung, was die Hauptfiguren und HauptakteurInnen auszeichnet (z.B. MIKOS 2008: 163ff.; EDER 2014), die letztlich in verschiedenen Definitionen mündet. Grundsätzlich kann bei Fernseh- und Filminhalten von einer »Hierarchie von Aufmerksamkeit« (EDER 2014: 468ff.) ausgegangen werden, die beschreibt, dass die gezeigten Personen von den ZuschauerInnen unterschiedlich viel Aufmerksamkeit erhalten, sie also unterschiedlich stark sichtbar werden. Die Kriterien hierfür sind vielfältig und reichen von der Bekanntheit der Person über Häufigkeit und Dauer der Darstellung bis hin zur ästhetischen und inhaltlichen Gestaltung.

In unserer Studie haben wir empirische Methoden mit dem Ziel eingesetzt, eine Zählbarkeit von Sichtbarkeit zu ermöglichen. Hierfür mussten wir eine sinnvolle und eindeutige Festlegung finden. Wir haben daher ein Set an Definitionen erarbeitet, welches mehrfach überarbeitet und getestet wurde. Es erwies sich dann auch in der fortschreitenden Codierung für die jeweiligen Programmsparten und Genres als schlüssig und stabil. So war es möglich, die verschiedenen Hauptfiguren der Genres im Sinn der Aufmerksamkeitshierarchie gleichwertig und damit sinnvoll vergleichbar zu erfassen. Somit konnten wir auf Verfahren verzichten, die eine Gewichtung aufgrund rein quantitativer Kriterien vornehmen (z.B. Erfassung der Figuren, die im ersten Teil der Sendung auftreten, wie z.B. BROSIUS/GÖTZ 2008). Stattdessen beinhaltet unsere Analysebasis alle relevanten Figuren.

Für die fiktionalen Programme verwenden wir den Begriff der »Protagonistinnen« und »Protagonisten« in Anlehnung an die Figurentheorie des Filmwissenschaftlers Jens Eder: Dabei handelt es sich um jene Figuren, die handlungstreibende Funktionen einnehmen und zentrale Ziele verfolgen (EDER 2014). ProtagonistInnen in Fernsehserien zeichnen sich darüber hinaus vor allem durch ihren beständigen Charakter aus, das heißt, sie gehören zum festen Ensemble der Serie. Dies kann zum Beispiel auch eine explizite Nennung im Sendetitel sein. Wichtig ist aber, dass die Figur in der Folge vorkommt und eine handlungstreibende Funktion einnimmt. Nur dann hat sie die Funktion einer Protagonistin/eines Protagonisten. Alle anderen Figuren wurden als Nebenfiguren ebenfalls gezählt und deckten sich mit den Figurennamen im Vor- und Abspann.

Für Fernsehinhalte, die nicht vordergründig über Handlungsverläufe funktionieren, also Nachrichten oder Unterhaltungsshows, ist die Sichtbarkeit von Menschen an anderen Kriterien festzumachen. Hierfür haben wir »induktiv«, das heißt aus der Arbeit mit den konkreten Sendungen heraus, eine robuste Definition erarbeitet. In non-fiktionalen Fernsehsendungen werden Menschen sowohl visuell (Häufigkeit, Dichte und Fokussierung) sowie auditiv (Stimme, Sprechanteil) wahrnehmbar. In der Fernsehinformation/Publizistik und in den non-fiktionalen Unterhaltungsformaten fokussierte sich die Analyse auf die HauptakteurInnen. In der Fernsehinformation (z. B. *Tagesschau*) wurden über drei zu erfüllende Kriterien bestimmt: Ihr Name wurde genannt (z. B. über eine Bauchbinde und/oder zweimal deutlich gesagt), die Person sprach hörbar (z. B. Moderation oder O-Ton) und sie war zentral im Bildausschnitt sichtbar. Zentrales Kriterium in der non-fiktionalen Unterhaltung war, ob die Person eine leitende Funktion einnahm und somit zum Hauptakteur oder zur Hauptakteurin der Sendung wurde. NebenakteurInnen sowohl in der non-fiktionalen Unterhaltung als auch in der Information zeichneten sich über die Erfüllung von zwei der drei genannten Kriterien aus.

Zentrale Definition: ProtagonistInnen und HauptakteurInnen

Um in der Analyse festzustellen, wer im Zentrum der Sendung steht, wurde für die drei Programmsparten jeweils die Definition von ProtagonistInnen beziehungsweise HauptakteurInnen festgelegt:

- fiktionale Unterhaltung – ProtagonistIn ist jene Figur, die sichtbar im Zentrum der Handlung steht und handlungstreibende Funktion einnimmt.
- nonfiktionale Unterhaltung/Reality – HauptakteurIn ist jene Person, die (als Konstante) durch das Programm führt.
- Information – HauptakteurIn ist jene Person, deren Name genannt wird und die hörbar spricht und die zentral sichtbar ist.

Für die so definierten zentralen Figuren wurden jeweils Geschlecht, Funktion, Alter (der SchauspielerInnen, JournalistenInnen, ModeratorInnen usw.), Berufsfeld, Berufsstatus, Familienstand, Kinder und Migrationshintergrund codiert. Wir haben für das Merkmal Geschlecht zunächst eine offene Herangehensweise gewählt. Das weibliche und männliche Geschlecht konnte codiert werden, wenn eine eindeutige Ansprache – er oder sie – oder eine Selbstbezeichnung als Frau/Mädchen oder Mann/Junge stattfand. Weitere Kriterien waren der Name der Figur und ihre Stimme. Wurde das Geschlecht nicht manifest deutlich, wurde es mit »offen/nicht ermittelbar« codiert, wie zum Beispiel bei *KiKANiN-CHEN*. Allerdings zeigte sich für das deutsche Fernsehen, dass zum allergrößten Teil (97%) entweder das männliche oder weibliche Geschlecht zugewiesen werden konnte und somit binäre Geschlechterrepräsentationen vorherrschen. Das Alter der Personen wurde codiert, wie es in der Sendung thematisiert wurde (z. B. Protagonistin feiert 20. Geburtstag). In den meisten Fällen musste das Alter allerdings recherchiert werden (z. B. durch Branchen-Datenbanken oder persönliche Informationen von JournalistInnen oder SchauspielerInnen). Für ProtagonistInnen im fiktionalen Bereich haben wir das Alter der SchauspielerInnen zum Drehzeitpunkt codiert.

Ein weiteres Merkmal, welches uns interessierte, war die Herkunft beziehungsweise der Migrationshintergrund der Person. Diese wurde vermerkt, wenn in der Sendung Informationen zu der nicht deutschen Herkunft einer Figur gegeben wurden, wie zum Beispiel durch explizite Selbstzuschreibung oder Verweise auf Herkunftsregionen oder -länder (LÜNENBORG et al. 2012). Ähnlich verhielt es sich mit der sexuellen Orientierung. Sie wurde dann codiert, wenn Figuren sich selbst oder durch andere hinsichtlich ihrer Sexualität beschrieben oder wenn eindeutige sexuelle Handlungen von Personen dargestellt wurden.

Bei der Codierung der Berufsfelder haben wir uns an die Einteilung des Bundesamts für Statistik gehalten, um die Tätigkeiten fiktionaler Figuren oder auch von ExpertInnen mit den realen Gegebenheiten vergleichen zu können. Außerdem haben wir die berufliche Stellung, den Familienstand und evtl. Kinder erfasst.

4.3 BESONDERHEITEN IM KINDERFERNSEHEN

Auch im Kinderfernsehen haben wir für jede Programmsparte die sichtbaren Figuren gezählt. Analog zum Erwachsenenfernsehen gibt es unterschiedliche Programmsparten, die adäquat zu den Definitionen für Vollprogramm und Kino codiert wurden. Dabei wurden auch Besonderheiten des Kinderfernsehens berücksichtigt.

In der Analyse wurden die untersuchten Einzelprogramme in die Programmsparten Fiktional (z.B. Fernsehserien wie *Yakari*), Kinderfernsehpublizistik (z.B. Nachrichtensendungen wie *logo!*) und hybride Unterhaltungsformate (z.B. Quizshows wie *1,2 oder 3*; Spiel- und Lernsendungen wie *KiKANiNCHEN*) unterteilt. Deutsche (ko-)produzierte Sendungen im Kinderfernsehen machten insgesamt einen Anteil von 24,5 Prozent der gesamten Stichprobe aus. Um die Vielfalt der Programmstruktur im deutschen Kinderfernsehen abzubilden, wurden in der Analyse alle Sendungen berücksichtigt, die an den untersuchten Tagen ausgestrahlt wurden, also auch internationale Produktionen.

Im Kinderfernsehen haben wir ebenfalls für jedes Genre die jeweils sichtbaren Figuren gezählt. In fiktionalen Programmen standen dabei ProtagonistInnen im Mittelpunkt der Analyse. Dabei handelte es sich wiederum um jene Figuren, die handlungstreibende Funktionen einnahmen und zentrale Ziele verfolgten. ProtagonistInnen in Fernsehserien zeichneten sich darüber hinaus vor allem durch ihren beständigen Charakter sowie ihre explizite Nennung im Sendetitel beziehungsweise in der Titelmelodie aus. Bei der KIKA-Serie *Yakari* etwa kommen in der Titelmelodie der Indianerjunge Yakari, aber auch das Pferd Kleiner Donner vor. Während die Hauptfiguren einer zusätzlichen Feinanalyse unterzogen wurden (u. a. Körpermerkmale), erfolgte bei den Nebenfiguren eine reine Zählung. Um als Nebenfigur gezählt zu werden, mussten insgesamt zwei der drei folgenden Kriterien erfüllt werden: Der Name wurde genannt, die Figur sprach hörbar oder die Figur war zentral sichtbar.

Wichtig ist hier der Aspekt, dass wir nach der Figurentheorie (EDER 2014) und nicht nach Produzentenlogik gearbeitet haben. So mag es vorkommen, dass FernsehproduzentInnen oder FernsehredakteurInnen eine bestimmte Figur nicht als Hauptfigur sehen.

Aufgrund der Nennung im Titel und der beständig handlungstreibenden Funktion wurde in *Der kleine Drache Kokosnuss* (KIKA) eben dieser kleine Drache als Protagonist identifiziert, in der Sendung *Little Charmers* (NICKELODEON) wurden die Protagonistinnen Hazel, Lavender und Posie identifiziert

ABBILDUNG 8
Der Protagonist:
der kleine Drache Kokosnuss

© KiKA

ABBILDUNG 9
Die drei Protagonistinnen:
Hazel, Lavender und Posie

© Nickelodeon

In der Kinderfernsehinformation und in den hybriden Unterhaltungsformaten, in denen sich Information, Animation und Spielfilmelemente abwechseln, wie zum Beispiel bei *KiKANiNCHEN*, fokussierte sich die Analyse auf die Hauptakteurinnen und Hauptakteure. Anders als in der Fiktion ist hier nicht das handlungstreibende Element zentral, sondern die Frage ob die Person eine leitende Funktion einnimmt und somit zum Hauptakteur oder zur Hauptakteurin der Sendung wird. Bei den hybriden Unterhaltungsformaten waren dies Personen in leitenden Funktionen wie zum Beispiel ModeratorInnen (s. Abb. 10), beziehungsweise im Zentrum der Geschichte stehende AkteurInnen, z. B. *Unser Sandmann* (KIKA), *KiKANiNCHEN* (KIKA) in Abbildung 11.

ABBILDUNG 10
Hauptakteur bei *1, 2 oder 3*:
der Moderator Elton

© KiKA

ABBILDUNG 11
HauptakteurIn bei *KiKANiNCHEN*:
KiKANiNCHEN

© KiKA

HauptakteurInnen in der Kinderfernsehinformation (z. B. *logo!*) wurden über drei zu erfüllende Kriterien bestimmt: Ihr Name wurde genannt (z. b. über eine Bauchbinde und/oder wird zweimal deutlich gesagt), die Person sprach hörbar (z. b. Moderation oder O-Ton) und sie war zentral im Bildausschnitt sichtbar (s. Abb. 12 und 13).

NebenakteurInnen, sowohl in der hybriden Unterhaltung als auch in der Kinderfernsehinformation, zeichneten sich über die Erfüllung von zwei der drei genannten Kriterien aus.

ABBILDUNG 12
Hauptakteur bei *logo!*:
Tim Schreder

ABBILDUNG 13
Hauptakteure bei *Woozle Goozle*:
Benedikt Weber, Woozle

© ZDF

© Super RTL

4.4 ANALYSE DER KINOFILME

Für den Bereich Kino haben wir eine Vollerhebung aller in Deutschland produzierten Kinofilme sowie Ko-Produktionen der Jahre 2011 bis 2016 durchgeführt. Das Sample umfasst insgesamt 883 Filme. Die Angaben der produzierten Filme aus den Jahren 2011 bis 2015 wurden den Geschäftsberichten der Filmförderungsanstalt (FFA) entnommen und für das Jahr 2016 dienten die Quartalsberichte der Spitzenorganisation der deutschen Filmwirtschaft (SPIO) als Quelle.

Die 883 Filme aus der genannten Zeitspanne wurden ohne Sichtung mithilfe von Inhaltsangaben und anderen Dokumenten analysiert. Der Fokus fiel hier auf die Geschlechter und die Altersverteilung der ProtagonistInnen und Nebenrollen. Ermittelt haben wir die ProtagonistInnen als jene Figuren, die handlungstreibende Funktionen einnehmen und zentrale Ziele verfolgen. Nebenfiguren sind alle anderen Figuren, die Rollennamen haben und relevant für die Handlung sind. Ebenso musste diese Rolle über Quellen wie filmportal.de, imdb.de, Plakate oder DVD-Cover als solche, zentrale Rolle angezeigt werden. Die ProtagonistIn lässt sich mit der Figur vergleichen, die bei den Oscars die Trophäe für die Beste SchauspielerIn in einer Hauptrolle bekommt, die Nebenfiguren werden jedoch weitergefasst, also als »Best Supporting Role«. Unsere Definition einer ProtagonistIn, die wir zur sprachlichen Abwechslung auch »Hauptrolle« oder »Hauptfigur« nennen, orientiert sich an der Dramaturgie und der Relevanz der Figur für die Handlung, und nicht an möglichen Verträgen der SchauspielerInnen. So sind im Branchenverzeichnis *Crew-United* oft mehrere Personen als Hauptrollen verzeichnet als in unserer Analyse.

Als Nebenfiguren galten alle weiteren Figuren, die entweder bei *Crew United* als Hauptrolle (HR) oder Nebenrolle (NR) aufgelistet werden beziehungsweise alle weiteren Figuren, die im Vor- und/oder Abspann mit einem Namen aufgezählt werden. Aus der Untersuchung gänzlich ausgenommen wurden alle Tages- oder StatistInnenrollen.

Für die 883 Filme ermittelten wir nach diesen Kriterien jeweils die ProtagonistInnen, die Nebenfiguren und deren Geschlecht sowie das Alter der SchauspielerInnen zum Zeitpunkt des Drehs. Außerdem erfassten wir das Geschlecht von Regie, ProduzentIn, Drehbuch und Kamera. Insgesamt konnten 1.318 Hauptfiguren und 6.242 Nebenfiguren ermittelt werden.

FEINANALYSE KINO

Für die Feinanalyse aus den Jahren 2011 bis 2016 wurden jeweils die zehn erfolgreichsten Filme im Bereich Arthouse und Mainstream ausgewählt. Diese Auswahl basierte erneut auf den Listungen der FFA. So konnte für jedes Jahr aus dem Untersuchungszeitraum ein Sample von 20 Filmen herausgestellt werden. Insgesamt umfasste das finale Sample genau 100 Filme – 50 Arthouse- und 50 Mainstream-Filme. Berücksichtigt wurden nur deutsche und deutschsprachige Produktionen. Ausgenommen aus dieser Untersuchung wurden alle animierten oder halbanimierten Filme.

Die gesonderte qualitative Untersuchung zeichnete sich dadurch aus, dass die Hauptfiguren per Bildschirmzeit einzeln gemessen wurden. Für die Präsenz- oder Bildschirmzeit war entscheidend, dass die Figur zentral im Bild (Frontansicht) beziehungsweise in einem größeren Bildausschnitt mit weiteren Figuren zentral zu sehen war. Die Messung erfolgte ganz simpel mit Hilfe einer Stoppuhr beziehungsweise einer Stoppuhr-Software. Wenn der Cast eines Filmes eine hohe Anzahl an Hauptrollen erreichte, wurde der Film mehrmals gesichtet, die jeweiligen Figuren gemessen und auf spezielle Eigenschaften untersucht. Beginnend beim Namen des Schauspielers/der Schauspielerin wurde der Rollenname, das Geschlecht und das Alter erfasst. Weiter wurde die mögliche Migrationserfahrung der Figur erfasst. Zunächst wurde geklärt, *ob* ein Migrationshintergrund bestand, und in einem zweiten Schritt wurde festgehalten, *wie* dieser erkannt wurde. Ein weiteres Themengebiet war der Beruf. Hier wurde zunächst untersucht, ob ein Beruf erkennbar ist und wenn ja, wurde das Berufsfeld näher eingegrenzt und die Position (Hierarchie) abgefragt. Mit der nächsten Variable wurden die sexuelle Orientierung der Person untersucht, der Beziehungsstand und ob die Figur Kinder hat. Zuletzt ging es noch in einer Skala von drei Stufen um die Körperstatur der ProtagonistInnen (sehr dünn, normal, sehr dick/übergewichtig).

4.5 CODIERUNG UND AUSWERTUNG: WIE SIND WIR VORGEGANGEN?

Mit dem ausgearbeiteten Codebuch begann im Sommer 2016 die Arbeit am Datenmaterial. Wir wurden über den gesamten Zeitraum von neun Monaten von sechs CodiererInnen unterstützt.[*] Sie wurden zunächst ausführlich in die Studie und das Codebuch eingewiesen und an Beispielen geschult. Hierbei wurden auch die Definitionen und Anweisungen im Codebuch geprüft und so verbessert und angepasst, dass alle CodiererInnen ein gleiches Verständnis dieser Anweisungen hatten.

---

[*] Wir bedanken uns bei allen studentischen MitarbeiterInnen und bei Sarah Anne Eisenbeis und Julia Stüwe für die Unterstützung bei der Auswertung.

Besonders wichtig waren die Gespräche mit der ganzen Gruppe, die auch während des gesamten Codierprozesses regelmäßig stattfanden. Im Rahmen dieser Treffen konnten etwaige Fragen und Probleme bei der Codierung angesprochen und geklärt werden. Durch sogenannte »Reliabilitätstests« wurde des Weiteren die gleichbleibende Qualität der Inhaltsanalyse sichergestellt. So haben wir kontinuierlich überprüft, dass das Material durch alle CodiererInnen korrekt ausgezählt wurde. Das heißt, das gleiche Material wurde von verschiedenen CodiererInnen analysiert, um es auf Übereinstimmung zu prüfen. Erst wenn eine nahezu komplette Übereinstimmung vorliegt, kann man von einem guten Codebuch ausgehen. Zum Abschluss des Codierprozesses haben wir gemeinsam mit den CodiererInnen die Arbeitsschritte nochmals reflektiert und wertvolle Informationen und Rückmeldungen für die weitere Forschung gesammelt. Auch die persönlichen Eindrücke unserer sechs engagierten MitarbeiterInnen, die insgesamt über 3.500 Stunden Fernseh- und Filmmaterial codierten, waren uns dabei sehr wichtig.

Im Anschluss an die Codierarbeiten wurden umfangreiche Tabellen erstellt, in denen die vergebenen Zifferncodes und Informationen zu allen Fernsehsendungen und Filmen vermerkt waren. Diese Tabellen wurden in einem ersten Auswertungsschritt auf Fehler kontrolliert und bereinigt. Dann haben wir die Tabellen zu einem gemeinsamen Datensatz zusammengefügt. Dabei war es wichtig, den Vergleich der einzelnen Sendungen und Filme möglich zu machen. Des Weiteren wurde ein Datensatz zusammengestellt, der alle sichtbaren ProtagonistInnen und AkteurInnen analysierbar machte. Insgesamt flossen für das Fernsehvollprogramm 2.945 Einzelprogramme mit deutschen Produktionen beziehungsweise mit deutscher Beteiligung und insgesamt 11.144 ProtagonistInnen und HauptakteurInnen in die Untersuchung ein. Beim Kinderfernsehen waren es 2.692 Einzelprogramme und 6.205 gemessene zentrale Figuren. Im Kinobereich ließen sich in den 883 Filmen 1.318 ProtagonistInnen ausmachen.

Die statistische Auswertung, die im Folgenden die Basis der Ergebnisse darstellt, erfolgte systematisch und komplett. Es wurden alle relevanten Datenbeziehungen ausgewertet, das heißt auch, dass wir in der folgenden Argumentation keine Ergebnisse ausblenden oder weglassen.

Alle Zahlen, die wir nachfolgend anführen, basieren auf statistisch relevanten, signifikanten Ergebnissen. Das heißt, die folgenden Daten sind generalisierbar und allgemeingültig für das deutsche Fernsehen 2016 und das deutsche Kino für die Jahre 2011 bis 2016.

5. DIE FERNSEHFRAU: AUSGEBLENDET

5.1 EINS ZU ZWEI STATT GLEICH: FRAUEN KOMMEN SELTENER VOR

Die zentrale Frage dieser Studie ist, wie häufig denn nun Frauen und Männer im deutschen Fernsehen zu sehen sind? Betrachten wir alle untersuchten Sender, dann tauchen Frauen im deutschen Fernsehen halb so oft auf wie Männer. Mit anderen Worten: Über alle Fernsehprogramme hinweg kommen auf eine Frau zwei Männer. Sowohl in der Fiktion als auch bei Informationssendungen oder bei Unterhaltungsshows sehen wir das gleiche Missverhältnis. Besonders auffällig ist, dass bei fast allen Sendern die Unterrepräsentanz von Frauen gleich ist. Es spielt keine Rolle, ob es sich um einen öffentlich-rechtlichen oder einen privaten Sender handelt – Frauen kommen überall seltener vor. Dies betrifft alle Dritten Programme, DAS ERSTE und das ZDF und die Senderfamilien von RTL/RTL2/SUPERRTL/VOX und PROSIEBENSAT1. Dieses Ungleichgewicht gibt es also in ähnlicher Größenordnung in allen Fernsehgenres und bei allen Fernsehsendern.

Es gibt nur ein Genre, und zwar die täglichen Telenovelas und Daily Soaps, in denen die tatsächliche Geschlechterverteilung in Deutschland mit ca. 51 Prozent Frauen und 49 Prozent Männern gezeigt wird. Allerdings machen diese insgesamt nur drei Prozent aller Sendungen aus.

Im Kinderfernsehen sind die Unterschiede noch deutlicher ausgeprägt: Hier kommen auf eine weibliche Figur sogar drei männliche. In Kapitel 9 gehen wir auf das Kinderfernsehen noch ausführlich ein. Diese ungleiche Verteilung von eins zu zwei fand sich auch schon in den letzten Messungen in den 1970er- und 1990er-Jahren (KLAUS 2005). Es gab also in den letzten 25 Jahren kaum bis gar keine Veränderung.

ABBILDUNG 14
Verhältnis Frauen und Männer im Fernsehprogramm

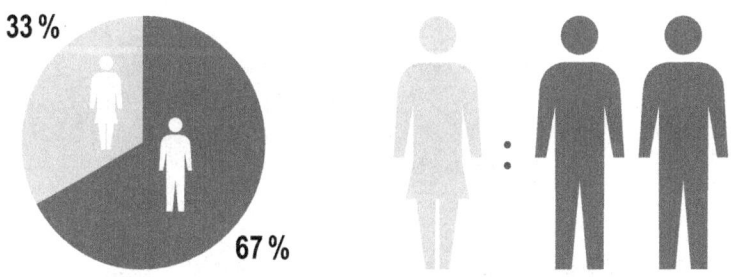

TV Vollprogramm – alle Sendungen HauptakteurInnen und ProtagonistInnen nur dt./dt. Beteiligung (n=11.144); Frauen n=3.659 (33%), Mann n=7.485 (67%)

Wie bereits oben erwähnt, bezieht sich die Auswertung auf die in Deutschland produzierten oder ko-produzierten Sendungen. Darauf konzentrieren wir uns hier, da deutsche ProgrammmacherInnen nur auf diese gezielt Einfluss nehmen können.

Zwei Drittel der 2.945 analysierten Sendungen waren Informationssendungen. Auch bei den Nachrichten, Magazinsendungen, politischen Talkshows oder Dokumentationen sehen wir die ungleiche Verteilung von einer Frau auf zwei Männer. Die Ergebnisse gelten über alle Sender hinweg, wobei hier die Schwankungen etwas größer ausfallen. Die Unterschiede lassen sich wiederum nicht über die Systeme öffentlichrechtliches versus privat-kommerzielles Fernsehen erklären.

Zwei Drittel Männer sehen wir auch im Programmbereich der nonfiktionalen Unterhaltung mit Fernseh-, Quiz- und Casting-Shows oder Musiksendungen. Hierzu zählen aber auch die Reality-TV Formate, Castingformate, das *Promi Dinner* oder ähnliche Formate. In der non-fiktionalen Unterhaltung sehen wir sogar den geringsten Anteil an Frauen mit 31 Prozent. Auch hier gelten die Ergebnisse wieder für alle Sender und Systeme.

ABBILDUNG 15
Geschlechterverteilung HauptakteurInnen und ProtagonistInnen nach Fernsehgenres (dt./dt. Ko-Produktionen)

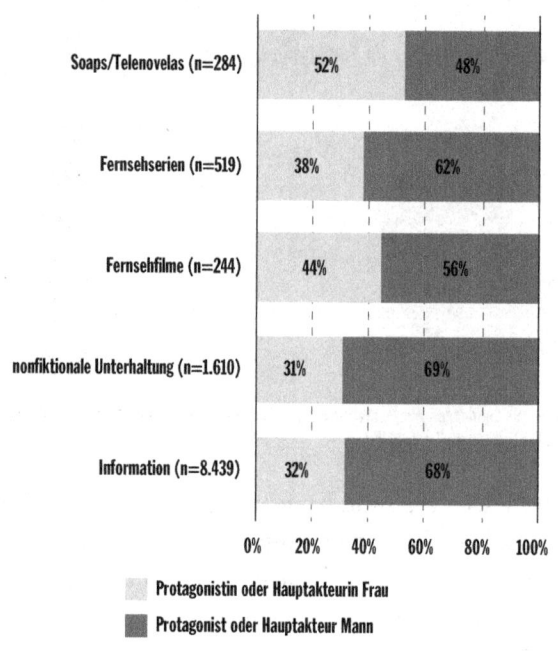

Es zeigt sich sogar, dass Frauen besonders selten Moderatorinnen von Unterhaltungsshows sind. So wurde in unserem Untersuchungszeitraum beispielsweise keine einzige Quizshow von einer Frau moderiert. Insgesamt liegt die Moderation von non-fiktionaler Unterhaltung zu 20 Prozent bei Frauen und zu 80 Prozent bei Männern. Auch die Stimmen, die uns häufig bei Formaten wie *Shopping Queen* oder etwa bei Zoo-Sendungen wie *Panda, Gorilla & Co* aus dem Off begleiten, sind fast ausschließlich männliche. Insgesamt stammen fast alle Sprecherstimmen bei der non-fiktionalen Unterhaltung von Männern (96%).

Formate mit überwiegend männlichen Hauptakteuren als Moderatoren oder Gästen sind Kochshows (84%), Comedyshows (82%), Musiksendungen (75%) sowie Unterhaltungs- und Quizshows (80%). Mehr Frauen sehen wir hingegen in Castingformaten (40%) sowie bei gescripteten Doku-Soaps (37%).

Über die Hälfte (55%) dieser Sendungen kommen ganz ohne weibliche Hauptakteurin aus, sei es als Moderatorin, Gast, Expertin oder ähnliches. Umgekehrt gibt es nur in 16 Prozent der Sendungen keinen männlichen Hauptakteur. Unterhaltungsfernsehen lässt sich somit offensichtlich eher ohne Frauen als ohne Männer produzieren. Auch die Betrachtung der Nebenrollen ergibt mehr Männer (62%) als Frauen (38%).

5.2 DEUTSCHE FERNSEHFRAUEN IN DER FIKTION SIND VIELFÄLTIGER GEWORDEN

In den erdachten Geschichten des Fernsehens, wie wir sie in Fernsehserien oder Fernsehfilmen finden, kommen Frauen ebenfalls seltener vor, jedoch häufiger als in der Information und Unterhaltung. Je nach Genre sind hier die Geschlechterverteilungen unterschiedlich. Wie schon erwähnt, kommen Frauen und Männer in Telenovelas und Soap-Operas wie *Rote Rosen* (ARD - DAS ERSTE) oder *Gute Zeiten, schlechte Zeiten* (RTL) gleich oft beziehungsweise etwas häufiger (52%) vor. In Fernsehfilmen, zu denen auch der *Tatort* (ARD - DAS ERSTE) oder Filme von Rosamunde Pilcher (ZDF) zählen, nehmen Frauen 44 Prozent der zentralen Rollen ein und Männer 56 Prozent. Somit ist die Unausgewogenheit hier nicht so stark wie in anderen Teilen des Fernsehprogramms.

In den Fernsehserien hingegen überwiegen die Männerrollen stärker: 62 Prozent der Protagonisten sind hier männlich. Männer überwiegen nicht nur in der Anzahl, es gibt in der Fernsehfiktion immerhin 20 Prozent Sendungen, die ganz ohne eine weibliche Protagonistin auskommen. Ohne männliche Protagonisten kommen dagegen nur 11 Prozent, also halb so viele Sendungen aus. Und es gibt keine einzige fiktionale Sendung, die gänzlich ohne männliche Haupt- und Nebenrollen aus-

ABBILDUNG 16

Fiktionale Programme: Durchschnittliche Anzahl von ProtagonistInnen und Nebenrollen

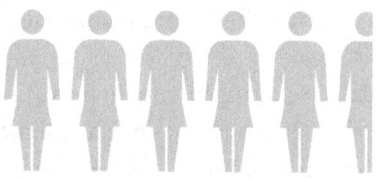

Ein fiktionales Fernsehprogramm hat 5,7 weibliche Rollen

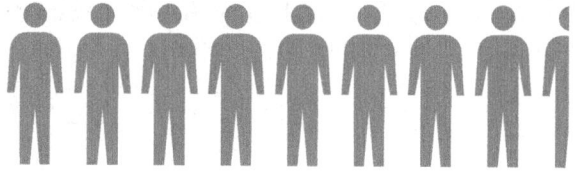

und 8,4 männliche Rollen insgesamt.

kommt. In der Fernsehfiktion gibt es durchschnittlich 4,1 Frauen in einer Nebenrolle und 7,2 Männer. Das sind 3 Männer mehr. Das heißt, die fehlenden zentralen Rollen für Frauen werden nicht durch weibliche Nebenrollen ausgeglichen – eher im Gegenteil: Auch hier gibt es deutlich weniger Rollen für Frauen. Fassen wir Nebenrollen und Hauptrollen zusammen, so hat eine fiktionale Fernsehsendung durchschnittlich 5,7 weibliche und 8,4 männliche Rollen. Das heißt, auch wenn der Unterschied in der Fiktion geringer erscheint als beispielsweise bei den Informationssendungen, summieren sich die Unterschiede und es sind weniger Frauen auf dem Bildschirm sichtbar.

Bei den fiktionalen Programmen spielt es eine Rolle, ob sie in Deutschland und für Deutschland produziert wurden oder ob diese Programme eingekauft und im Ausland, vor allen in den USA, produziert wurden. Sehen wir uns die Relation zwischen Frauen und Männern bei Programmeinkäufen an, dann sinkt der Frauenanteil sogar um drei Prozent. Wir sehen also in deutschen Eigenproduktionen etwas mehr Frauen als in zugekauften Produktionen.

Vergleichen wir die Ergebnisse zum fiktionalen Fernsehen mit insgesamt 43 Prozent Frauenanteil über alle fiktionalen Genres hinweg, dann zeigt sich durchaus eine Steigerung des Frauenanteils gegenüber der Studie von Weiderer (1994: 22). In ihrer Studie aus den 1990er-Jahren ermittelte sie 35 Prozent Frauen in der Fiktion. In den letzten 26 Jahren ist also der Frauenanteil in der deutschen Fernsehfiktion um acht Prozent gestiegen. Nehmen wir einmal an, dieser leichte Zuwachs wäre eine kontinuierliche Entwicklung hin zu mehr Frauen in der Fiktion: Wenn es in diesem Tempo weiterginge, bräuchte man weitere 20 Jahre, um zu einem ausgewogenen Verhältnis zu kommen – bei einem Zuwachs von einem Prozent alle drei Jahre.

Auch in anderen Punkten hat sich die Fernsehfiktion verändert. Es gibt für das Jahr 2016 keine Unterschiede mehr zwischen Protagonisten und Protagonistinnen in Bezug auf ihren Beziehungsstatus (verheiratet, in Partnerschaft usw.) oder ob diese Kinder haben. Frauenrollen sind im Fernsehen nicht mehr nur auf Partnerschaft beschränkt. Vor allem in den vielen Krimiserien und Soap-Operas sehen wir Frauen in beruflichen Kontexten. Insgesamt sind 74 Prozent der fiktiven Fernsehfrauen zwischen 20 und 60 Jahren berufstätig, was der deutschen Realität (75 %) entspricht (DESTATIS 2018). Auch verheiratete Fernsehfrauen sind berufstätig. Gleichzeitig sehen wir noch immer Unterschiede: Bei fast allen Männern können wir den Beruf erkennen (93 %), aber bei Frauen etwas seltener (82 %) und sie arbeiten häufiger in niedrigeren Berufspositionen als Männer. Die wenigen RentnerInnen, die wir im Fernsehen sehen, sind weiblich. Das heißt auch, dass die älteren Männer, die wir sehen, überwiegend noch berufstätig sind.

Ein weiteres Ergebnis ist bemerkenswert: Anders als im US-amerikanischen Fernsehen werden Frauen in Deutschland kaum nachweisbar sexualisiert dargestellt. Smith und Cook zeigen für das US-Fernsehen, dass Frauen überproportional betont sexy oder wenig bekleidet waren (SMITH/COOK 2008). Unsere Analyse für Deutschland zeigte hier keine besonderen Unterschiede: Die deutsche Fernsehfrau und der deutsche Fernsehmann sind mehrheitlich voll bekleidet und nicht betont sexy.

Zusätzlich haben wir mit einer kleineren Stichprobe für vier Sender (ARD-DAS ERSTE, RTL, SAT1, ZDF) die Primetime von 18 bis 22 Uhr untersucht. Dort haben wir per Stoppuhr die Präsenzzeiten der ProtagonistInnen gemessen. Es zeigen sich keine wesentlichen Unterschiede.

Die durchschnittliche Bildschirmzeit von weiblichen Protagonistinnen und männlichen Protagonisten über alle fiktionalen Formate hinweg (Serien, Fernsehfilme und Soaps/Telenovelas) ist mit fast zwölf Minuten bei Frauen (11:51) und Männern (11:46) beinahe identisch. Unterschiede gibt es jedoch in den Fernsehserien und Soaps/Telenovelas. In letzteren sind die weiblichen Protagonistinnen länger präsent (4,5 Min. vs. 4 Min.). In den Fernsehserien sind weibliche Protagonistinnen zwar im Durchschnitt gleich lang präsent (ca. 12 Min.), dafür gibt es aber häufiger männliche Protagonisten, sodass in der Summe insgesamt mehr Männer zu sehen sind. Die Ergebnisse zu Kinofilmen unterscheiden sich hier deutlich, wie sich später zeigen wird.

5.3 AUSGEBLENDET: DIE FRAU AB 35 JAHREN

Wenn Frauen im Fernsehen vorkommen, dann als junge Frauen. Ab dem 30. Lebensjahr verschwinden sie sukzessive vom Bildschirm und der Leinwand. Das gilt für alle Sender über alle Formate und Genres hinweg. Bis zu einem Alter von 30 Jahren kommen Frauen sogar häufiger oder in etwa gleich oft wie Männer in den fiktionalen und nonfiktionalen Unterhaltungsformaten vor. Ab Mitte 30 verändert sich dies, dann kommen auf eine Frau zwei Männer; ab 50 Jahren kommen auf eine Frau drei Männer, ab 60 Jahren auf eine Frau vier Männer. Es gibt also einen linearen Schwund bei den Frauen auf dem Bildschirm.

Dabei verschwinden nicht nur Schauspielerinnen, sondern auch ältere Showmoderatorinnen. Bei ihnen ist der Unterschied am größten: In der non-fiktionalen Unterhaltung kommen jenseits der 40 auf eine Frau vier Männer, jenseits der 50 auf eine Frau acht Männer. In Informationssendungen verschwinden Frauen ebenfalls ab Mitte 30 linear, ab 60 Jahren sind 81 Prozent der HauptakteurInnen Männer.

Auffällig ist, dass es kaum Frauen jenseits der 50 Jahre gibt, die regelmäßig eine Unterhaltungssendung moderieren. Fast alle ModeratorInnen von Quiz-, Unterhaltungs- und Comedyshows sowie von Tier-, Musik- und Kochsendungen in der Altersgruppe zwischen 50 und 59 Jahren sind Männer (97%). Frauen sind hier also besonders unsichtbar.

ABBILDUNG 17
Je älter, desto seltener sind Frauen zu sehen

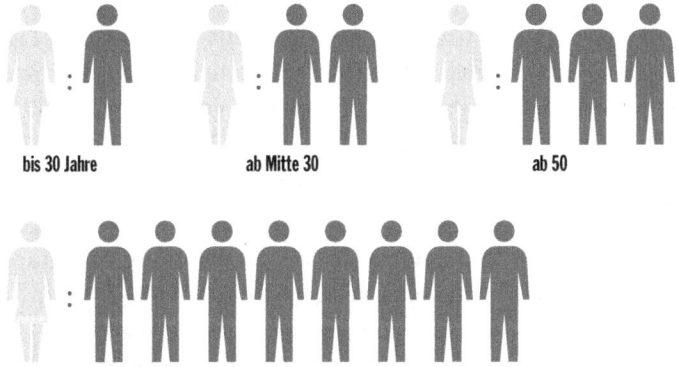

Der größte Unterschied besteht in der non-fiktionalen Unterhaltung.
Dort kommen auf **eine Frau** jenseits der 50 **acht Männer**.

TV Gesamt: Altersgruppen nach Geschlecht (nur dt. Produktionen)

Es scheint ein Bermudadreieck des Fernsehens zu geben, in dem Frauen ab Mitte 30 ganz offensichtlich ausgeblendet werden. Das bedeutet, dass die Frauen, die wir im Fernsehen sehen, nicht nur insgesamt weniger sind, sondern vor allem junge Frauen bis Mitte 30. Wenn man davon ausgeht, dass gerade Personen ab 50 im Beruf etabliert sind, möglicherweise in einer Führungsrolle, und durch ihre Lebenserfahrung viel zu erzählen hätten, wären sie als ExpertInnen oder ProtagonistInnen besonders interessant. Genau dann kommen aber Frauen im Fernsehen kaum noch vor. Es gibt einen Verlust an Sichtbarkeit von älteren Frauen. Festzuhalten bleibt, dass »älter« im Fernsehen schon bei Mitte 30 Jahren beginnt. Wir könnten basierend auf den Ergebnissen sogar formulieren, dass Alter von Frauen bzw. bereits das zaghafte Älterwerden ab Mitte 30 von Frauen im Fernsehen ausgeblendet wird, während es bei männlichen Akteuren sichtbar bleibt.

Vergleicht man zum Thema Alter unsere Ergebnisse aus dem Jahr 2016 mit denen von Monika Weiderer aus den 1990er-Jahren (1993, 1994), dann zeigt sich keine Veränderung. Auch damals kamen in der Fernsehfiktion auf eine Frau über 60 Jahre zwei Männer. Insgesamt waren damals 16 Prozent der Figuren über 60 Jahre alt, heute sind es 12 Prozent (WEIDERER 1994: 22). Zwar werden 2016 auch ältere Männer seltener im Fernsehen gezeigt als junge Männer, insgesamt machen ProtagonistInnen bzw. HauptakteurInnen ab 60 Jahren nur 15 Prozent der Figuren aus, aber innerhalb dieser Gruppe sind Frauen noch unsichtbarer. Hier kommen, wie bereits erwähnt, auf eine Frau vier Männer. Natürlich muss fiktionales Fernsehen nicht die Realität abbilden, sondern kann und soll Geschichten erfinden. Interessant ist jedoch die Tatsache, dass diese erfundenen Geschichten mehr Männer zeigen und mehr ältere Männer. Sie können jenseits der Pensionsgrenze durchaus noch jüngere Männer darstellen, wie zum Beispiel Robert Atzorn (*1945), der erst mit 72 Jahren aufhörte, einen noch berufstätigen Polizisten zu spielen. Gleiches gilt für Uwe Kokisch, der mit 73 Jahren (*1944) den noch im beruflich aktiven Dienst stehenden Polizisten Comissario Brunetti spielt, mit Kindern im Teenager-Alter und einer in der Fernsehfiktion etwa gleich alten Ehefrau (Julia Jäger *1970), die von einer Schauspielerin dargestellt wird, die 25 Jahre jünger ist. Der Fantasie scheint in Bezug auf Männer keine Grenze gesetzt zu sein, bei Frauen jedoch schon. Verheiratete Schauspielerpaare berichteten 2017 auf dem Schauspieler-Empfang der Berlinale von ihren eigenen Erfahrungen, wie sich die Rollenangebote mit zunehmendem Alter für die Ehepartner ändern. So bekommen auch ehemals sehr erfolgreiche Frauen sukzessive weniger und die Männer mehr Rollenangebote (BFFS 2017).

Hinzu kommt der Fakt, dass Schauspielerinnen auch noch weniger Gage für ihre Rollen bekommen. Es gibt einen Einkommensunterschied von ca. 22 Prozent. Das heißt, konkret bekommt eine Frau für einen gleich langen Drehtag um ein Fünftel weniger als ein Mann in einer gleichwertigen Rolle. Bekäme ein Mann 1.000 Euro pro Tag, bekäme die Frau entsprechend 780 Euro (BFFS 2016).

Nicht nur in der Fernsehfiktion werden ältere Frauen ausgeblendet. Für die geringe Anzahl an Frauen ab 50 sind vor allem die non-fiktionalen Unterhaltungssendungen verantwortlich. Kaum einer der Moderatoren von Gameshows ist weiblich, obwohl hier durchaus Männer jenseits der 50 zum Zuge kommen. Regelmäßig sehen wir Kai Pflaume (*1967), Bernd Stelter (*1961), Jörg Brombach (*1955) oder Jörg Pilawa (*1965).

Noch sind die wenigen weiblichen Showmoderatorinnen nicht 50 wie etwa Inka Bause (*1968), Barbara Schöneberger (*1974) oder die gerade 50 gewordene Sonja Zietlow (*1968), die aber wesentlich seltener zu sehen sind als Männer. Die einst als erfolgreichste Unterhaltungsshow-Moderatorinnen Deutschlands gefeierten Frauen wie Ulla Kock am Brink (*1961), Margarethe Schreinemakers (*1958) und Linda de Mol (*1964) sind fast völlig vom deutschen Bildschirm verschwunden. Die Daily-Talk Moderatorinnen Birte Karalus (*1966), Bärbel Schäfer (*1963), Sabrina Staubitz (*1968), Arabella Kiesbauer (*1969) sind selten zu sehen. Regelmäßig auf dem Bildschirm zu sehen ist hingegen Oliver Geissen (*1969), der ebenfalls mit Daily-Talks begonnen hat. Bis zu ihrer Rente moderierten Hans Meiser (*1946) und Karl Moik (1938-2015) im Fernsehen. Natürlich gibt es sie, die Ausnahmen. Carmen Nebel (*1956) moderiert mit 62 Jahren noch am Samstagabend. Auch die Sängerin und Kabarettistin Ina Müller (*1965) hat die 50 Jahrgrenze überschritten. Aber die Ausnahmen dürfen nicht darüber hinwegtäuschen, dass bei der Moderation im Bereich Unterhaltung einer Frau neun Männer gegenüberstehen.

Die Journalistin Susanne Schneider bezeichnet die Frau ab 50 auch in der Realität als unsichtbar und beklagt die Altersdiskriminierung besonders bei Frauen (SCHNEIDER 2018). Im Sinne der Perspektive der Intersektionalität (CRENSHAW 1989, 1991) treffen hier zwei Ungleichheitsdimensionen (Geschlecht und Alter) aufeinander und bewirken eine Verstärkung von Diskriminierung. Die über alle Programmsparten und Genre deutlich gewordene Ausblendung von Frauen ab Mitte 30 kann als diskriminierende Nicht-Repräsentation erachtet werden. Die Gründe hierfür gilt es zu erörtern und zu problematisieren. Insbesondere da die mediale Darstellung der Lebensrealität entgegensteht: In Deutschland kommen ältere Frauen häufiger vor als ältere Männer, da ihre Lebenserwartung höher ist: Über 50 Jahren liegt der Frauenanteil bei 56 Prozent. Würde man also die Realität abbilden, so müsste sich ein umgekehrtes Bild zeigen und eher Männer mit zunehmendem Alter verschwinden. Jana Lapper (2016) fasst es gelungen zusammen: »Die Filmindustrie ist dabei symptomatisch für die Gesellschaft. Frauen berichten oft, sie würden sich mit fortschreitendem Alter immer unsichtbarer fühlen. Die Zahlen der Studie scheinen das zu bestätigen. Sie zeigen auch, wer in der Gesellschaft bis heute noch die Welt erklären darf: Weiße Männer gehobenen Alters. Wie viele ergraute Moderatoren gibt es und wie viele weibliche Pendants?«

ABBILDUNG 18
Bevölkerungspyramide

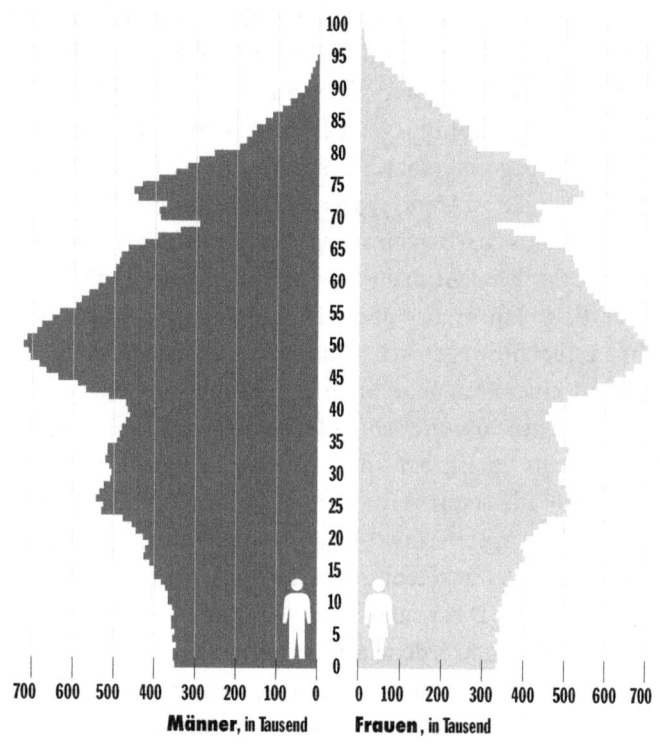

Quelle: Destatis

6. WIE DIVERS IST DAS DEUTSCHE FERNSEHEN?

Im deutschen Fernsehen wird jenseits der binären und ungleichen Geschlechterdarstellungen nur wenig Vielfalt sichtbar. Diversität gilt dabei als wichtiges Kriterium medialer Repräsentation, insbesondere wenn Gesellschaft aus vielfältigen Menschen, Identitäten und Lebensentwürfen besteht. Mit den möglichen Mitteln der quantitativen Inhaltsanalyse haben wir im Rahmen der Studie neben Geschlecht und Alter auch weitere Dimensionen von Diversität codiert. Wir untersuchten zum Beispiel, wie viele Personen in den deutschen Fernsehprogrammen mit Migrationshintergrund vorkommen. Dabei orientieren wir uns an der Definition des Statistischen Bundesamtes. So ist über alle Programme hinweg bei acht Prozent der HauptakteurInnen und ProtagonistInnen ein Migrationshintergrund (z. B. durch Bezugnahme auf Herkunftsland, Sprache, Aufenthaltsstatus, Religion) erkennbar. In fiktionalen Programmen wird bei zehn Prozent der dargestellten Personen ein Migrationshintergrund deutlich. Das Verhältnis der Geschlechter ist dabei annähernd gleich: zwölf Prozent der weiblichen und neun Prozent der männlichen Personen werden in fiktionalen Programmen mit einem erkennbaren Migrationshintergrund gezeigt. Demgegenüber steht der reale Anteil von Menschen mit Migrationshintergrund, der laut Statistischem Bundesamt im Jahr 2018 bei 21 Prozent lag (DESTATIS 2018). Das bedeutet, das deutsche Fernsehen macht Menschen mit Migrationshintergrund nur halb so oft sichtbar, wie sie in der Realität vorkommen.

Einschränkend muss erwähnt werden, dass die Codierung von Migrationshintergrund und sexueller Orientierung nur dann erfolgte, wenn manifeste, also eindeutige und codierbare Kennzeichen sichtbar waren. Sowohl Migrationshintergrund als auch sexuelle Orientierung wurden dann erfasst, wenn sie sichtbar waren oder es hörbare Hinweise gab. Die Tatsache, dass es grundsätzlich aber möglich ist, dass Personen einen Migrationshintergrund haben, dieser aber nicht erkennbar und damit codierbar ist, muss bei der Interpretation der Ergebnisse berücksichtigt werden. Nichtsdestotrotz kann valide festgehalten werden, dass Migration dann auch nicht in der jeweiligen Sendung repräsentiert wird.

Auch in Bezug auf Sexualität ist das deutsche Fernsehen im Bereich Fiktion wenig vielfältig. Sexuelle Diversität wird nicht sichtbar. 60 Prozent der ProtagonistInnen sind heterosexuell und bei 40 Prozent ist die Sexualität nicht erkennbar, beziehungsweise wird nicht thematisiert. In nur wenigen Einzelfällen kamen manifest erkennbar homosexuelle oder bisexuelle ProtagonistInnen oder AkteurInnen vor.

Interessiert hat uns auch die Körperstatur der im Fernsehen dargestellten Personen. Frauen und Männer sind normal gewichtig bis sehr dünn, wobei Frauen doppelt so häufig sehr dünn sind wie Männer. Wenn Menschen im Fernsehen übergewichtig sind, dann sind das dreimal so häufig Männer.

Fazit: Das deutsche Fernsehen ist wenig divers. Menschen mit Migrationshintergrund werden nur halb so häufig im Fernsehen sichtbar, wie sie in der Bevölkerung vertreten sind. Andere Sexualitäten als die Heterosexualität kommen so gut wie nicht vor. Frauen kommen seltener vor und dann sind sie jung und schlank.

7. MÄNNER ERKLÄREN DIE WELT

Wer sind nun die ModeratorInnen, SprecherInnen, Showmaster und ExpertInnen, die uns durchs Programm führen und uns die Welt im Fernsehen erklären? Um diese Frage zu beantworten, haben wir bei der Codierung der ProtagonistInnen und HauptakteurInnen auch die Funktionen, in denen sie vorkommen, erfasst. Wir erhoben, ob die Person ModeratorIn, JournalistIn, SchauspielerIn, ExpertIn usw. ist. Zusätzlich wurde der berufliche Kontext festgestellt, indem wir das Berufsfeld und die hierarchische Position der ProtagonistInnen und AkteurInnen codierten. Konkret haben wir bei Personen, die als ExpertInnen für bestimmte Themen oder als Talkshow-Gäste auftraten, auch das jeweilige Berufsfeld, wie zum Beispiel Recht oder Medizin, erfasst.

Über alle Genres, Formate und Sender hinweg sehen wir, dass uns überwiegend Männer die Welt erklären. Sie sind die Journalisten, Sprecher aus dem Off, Quizshow-Moderatoren und Experten.

Betrachten wir nur die Informationssendungen, also Nachrichten, politische Talkshows, Magazinsendungen oder Dokumentationen, dann gibt es nur eine Funktion, in denen Frauen und Männer fast gleich häufig vorkommen: die Moderation. Dies bestätigt sicher auch die prominent und häufig angeführten gemischten Paare bei den Nachrichtensendungen *Tagesthemen* (z.B. Pinar Atalay und Ingo Zamperoni), oder *heute journal* (z.B. Klaus Kleber und Gundula Gause). Gleichzeitig moderieren Marieta Slomka (*heute journal*) oder Caren Miosga (*Tagesthemen*) auch im

Duo mit anderen Frauen. Seit über 25 Jahren moderieren Peter Kloeppel und Ulrike von der Groeben für RTL die Nachrichten im Duo (RTL Aktuell). Auch die vielen, von Frauen moderierten politischen Talkshows wie *Anne Will*, *Maybrit Illner* oder *Maischberger* zeigen dies. Diesen Beispielen steht jedoch eine ebenso große Anzahl von Männern gegenüber, wie Frank Plasberg (ARD-Das Erste), Steffen Hallaschka (RTL) oder die tägliche Talksendung von Markus Lanz (ZDF). Im Bereich der Moderation sind nahezu gleich viele Frauen und Männer zu finden.

Aber auch bei den Moderatorinnen im Informationsbereich gibt es die Altersunsichtbarkeit: Moderatorinnen überwiegen in den Altersgruppen bis 39 Jahre, dann werden sie sukzessive seltener, bis es in der Altersgruppe 50 bis 59 Jahre 36 Prozent und bei 60 plus nur noch 23 Prozent Frauen gibt.

Betrachten wir alle anderen Funktionen einer Nachrichten- oder Magazinsendung, kommen in der Summe zwei Männer auf eine Frau. So sind die zugeschalteten JournalistInnen oder KorrespondentInnen zu zwei Dritteln Männer, die Sprecherstimmen – aus dem Off – sind sogar zu drei Vierteln männlich. Selbst Alltagspersonen oder Prominente sind überwiegend männlich. Die größte Unterrepräsentanz von Frauen finden wir jedoch bei den Experten und Expertinnen. Hier ist nur eine von fünf weiblich. In Zahlen: 79 Prozent der Experten, die wir im Fernsehen sehen, sind Männer. Dort, wo Wissen und Kompetenz, wo Expertise und Professionalität vermittelt wird – dort wo die Welt erklärt wird – geschieht dies durch männliche Akteure. Frauen werden – erneut – massiv ausgeblendet.

Die Moderatoren der Unterhaltungsshows sind zu 80 Prozent Männer. Die wenigen weiblichen Ausnahmen wie Barbara Schöneberger, Carmen Nebel, Inka Bause, Andrea Kiewel, Janin Ullmann kann man hier namentlich aufführen. Demgegenüber stehen die vielen männlichen Quizshow-Moderatoren wie Günther Jauch, Kai Pflaume, die vielen Fernsehköche sowie die Comedians. Frappierend ist, dass auch die Show-Gäste, wie Alltagspersonen oder Experten, in der Fernsehunterhaltung zu zwei Dritteln männlich sind. Auch diese Ergebnisse gelten für alle Sender und Sendergruppen, öffentlich-rechtliche sowie privat-kommerzielle.

ABBILDUNG 19
Funktionen in der Information

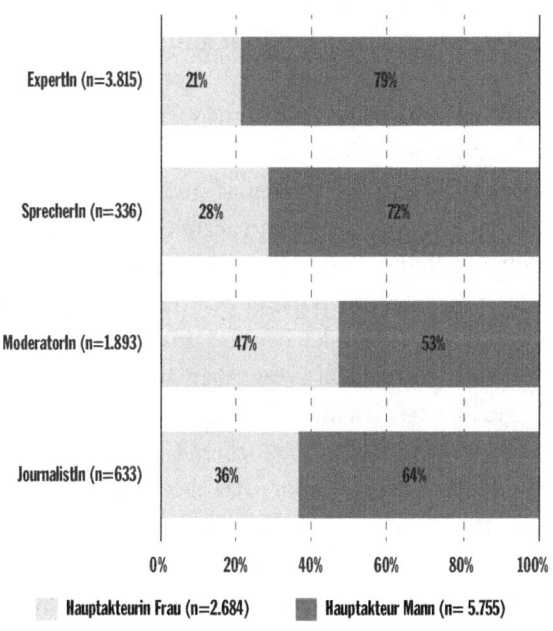

Dieses Ungleichgewicht bleibt auch dann bestehen, wenn man die NebenakteurInnen der Shows, also z.B. Quiz-, Comedy- und Kochshows mit einbezieht. So kommen insgesamt auf vier weibliche Akteurinnen in den Shows der non-fiktionalen Unterhaltung sechseinhalb Männer. Selbst bei den TeilnehmerInnen und Gästen der Shows sind Frauen also unterrepräsentiert.

7.1 EXPERTINNEN

Zur Erinnerung: Acht von zehn Experten sind Männer, sowohl in Informationssendungen als auch in Unterhaltungsshows. Dieses Fehlen der Expertinnen wollten wir besser verstehen und haben es genauer untersucht. Eine Erklärung wäre, dass es möglicherweise weniger Frauen gibt, die als Expertinnen zur Verfügung stehen, weil in diesen Berufen und Themenfeldern kaum Frauen arbeiten. Ein Argument, das wir bei Diskussionen mit MedienmacherInnen häufig hörten, war: »Was sollen wir machen: der Bürgermeister oder Außenminister ist nun mal männlich.« Um vergleichen zu können, ob überhaupt genügend Frauen in verschiedenen Bereichen als Expertinnen zur Verfügung stehen, haben wir die Geschlechterverteilung in Berufen analog zur Einteilung des Statistischen Bundesamtes herangezogen und zusätzlich bei den jeweiligen Berufsverbänden, wie etwa der Bundesärztekammer, den Anwaltskammern und dem Juristenbund, recherchiert. Das Ergebnis: Auch in den Berufsfeldern, in denen Frauen in der Realität überrepräsentiert sind, bleiben sie im Fernsehen vergleichsweise unterrepräsentiert. So zeigt das Fernsehen ein veraltetes Bild von Lebenswelten und ein verzerrtes Bild unserer gesellschaftlichen Realität.

In der Realität sind die Hälfte der Richter Richterinnen, die Hälfte der Staatsanwälte sind Staatsanwältinnen. Da aber mehr Männer als Frauen als freie Rechtsanwälte arbeiten, haben wir die Summen anteilig gemittelt und kommen auf eine Geschlechterverteilung im Berufsfeld Recht von 42 Prozent Frauen und dementsprechend 58 Prozent Männer. Sieht man sich die Anzahl an Expertinnen im Bereich Recht in den Informationssendungen an, so kommen Frauen fast nur halb so oft vor wie im echten Leben (24%). Ähnlich sieht es im Bereich Gesundheit und Pflege aus. Die Bundesärztekammer weist aus, dass im Jahr 2016 die Hälfte der Mediziner Ärztinnen sind. Dieses Bild wird sich in Zukunft sogar weiter zugunsten von Frauen verschieben, da laut den Universitäten seit den 2000er-Jahren zwei Drittel der Medizinstudierenden weiblich sind (GOERTZ 2018). Hierbei spielt die Zulassung zum Studium aufgrund des Notendurchschnitts eine zentrale Rolle. Aus anderen Studien wissen wir: Wenn der Berufszugang oder das Studium ausschließlich auf der Basis des Notendurchschnitts (z.B. des Abschlussexamens) geregelt wird, dann steigt der Frauenanteil in dem entsprechenden Berufsfeld.

In einem Feld, in dem Frauen so leistungsfähig und stark sind, dass sogar die ersten Uniprofessoren eine Männerquote für die Studienzulassung fordern (POSPIECH 2018), ist im TV eine drastische Unterrepräsentanz von Frauen als Ärztinnen zu verzeichnen.

Im Bereich Gesundheit und Pflege sehen wir Frauen also seltener als im echten Leben. Jeder von uns, der schon einmal in einem Krankenhaus oder in einem Seniorenheim war, weiß, dass die überwiegende Mehrheit des Pflegepersonals weiblich ist. Gewichten wir die verschiedenen Berufsgruppen, so sind drei Viertel der Personen, die im Gesundheitsbereich/Pflege arbeiten, weiblich. Ein anderes Bild zeigt sich bei den Expertinnen im TV. Hier sind Frauen nur mit 28 Prozent vertreten: das heißt, sie sind um den Faktor 300 Prozent unterrepräsentiert. Sie kommen also dreimal seltener vor als in der Realität. Das gleiche Bild zeigt sich im Bereich Bildung: In den meisten Schulen und Gymnasien überwiegen Lehrerinnen, oft sind auch die Schulleiter Schulleiterinnen und auch Erzieherinnen sind Frauen. In der Summe sind Frauen mit 70 Prozent sehr stark im Bereich Bildung tätig. Als ExpertInnen für diesen Bereich sind Frauen im TV wieder unterrepräsentiert: Nur 29 Prozent sind Frauen, 71 Prozent sind Männer. Das heißt, Männer kommen in diesem Berufsfeld im Fernsehen mehr als doppelt so oft vor wie in der Realität. Dieses überproportionale Vorkommen von Männern zieht sich durch alle Bereiche, sei es der Finanzsektor, der Dienstleistungssektor oder Berufe im Verkauf.

Es gibt ein paar Ausnahmen: Im Bereich Politik und Verwaltung kommen Frauen annähernd so oft vor wie im echten Leben. Wir sehen 25 Prozent Frauen als Expertinnen im Fernsehen, während tatsächlich 2017 ca. 33 Prozent, der im Bereich Politik arbeitenden Personen, weiblich waren. Dieses Verhältnis hat sich inzwischen durch die Bundestagswahl im Herbst 2017 verschlechtert, da vor allem die Parteien AFD (11% weiblich), CDU/CSU (20% weiblich) und FDP (24% weiblich) mit hohem Männeranteil einzogen. Zwar sehen wir im Fernsehen weniger Politikerinnen als in der Realität, aber der Unterschied ist nicht so ausgeprägt wie in anderen Bereichen. Auch in den Berufsfeldern Sicherheit/Polizei und in den MINT-Berufen werden Frauen ungefähr der Realität entsprechend gezeigt.

Die Alterskluft des Fernsehens verstärkt den Effekt, dass Frauen als Expertinnen unterrepräsentiert sind. Sogar in einem Alter, in dem Frauen für ihre Berufsfelder durch langjährige Erfahrung Expertinnen sein könnten, also ab 50 Jahren, kommen sie im Fernsehen kaum noch vor. Ab 50 Jahren liegt ihr Anteil bei den ExpertInnen bei 18 Prozent, bei den über 60-Jährigen sogar nur bei 14 Prozent. Es lässt sich also festhalten: Frauen kommen insgesamt seltener vor, sie kommen vor allem auch in Berufsfeldern nicht als Expertinnen vor, in denen eigentlich genügend Frauen arbeiten und als Expertinnen vorhanden wären. Bei den Präsentationen der Ergebnisse vor MedienmacherInnen wurde häufig erläutert, dass es viel schwieriger sei, Frauen als Expertinnen für das Fernsehen zu rekrutieren, sie würden viel häufiger absagen und würden »nicht wollen«. Ob dies empirisch haltbar ist, mag dahingestellt sein.

ABBILDUNG 20
ExpertInnen und deren Berufsfelder:
Vergleich Fernsehen und Realität im Berufsfeld

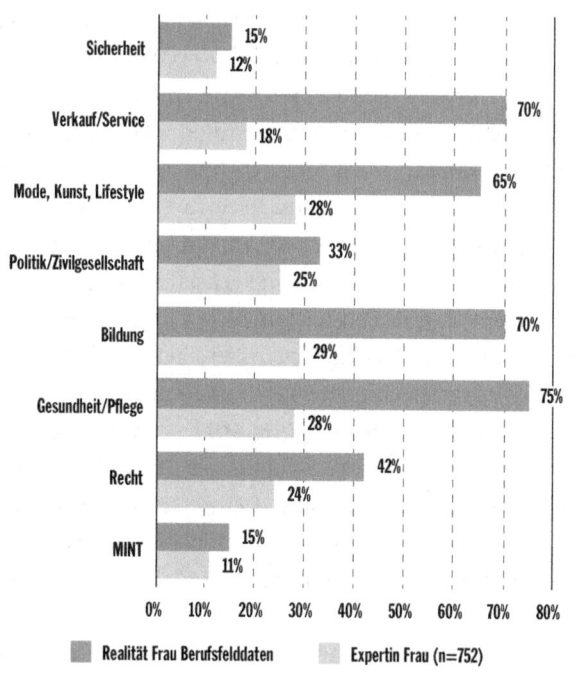

7.2 FRAUEN IN DER FERNSEHFIKTION

Wir haben nach der gleichen Logik auch Fernsehserien, Soap-Operas und Fernsehfilme untersucht. Auch dort haben wir alle ProtagonistInnen, wenn möglich, den Berufsfeldern zugeordnet, in denen sie in ihren erfundenen Geschichten arbeiten. Hier sei noch einmal erwähnt, dass AutorInnen die Freiheit hätten, mehr Politikerinnen oder Chefärztinnen in ihre Drehbücher zu schreiben. Gleichzeitig muss man hier betonen, dass Fiktion per se nicht die Realität abzubilden hat.

ABBILDUNG 21
Berufe der ProtagonistInnen im Fernsehen und Realitätsabgleich: Fiktionale Fernsehprogramme dt. (Ko-)Produktionen

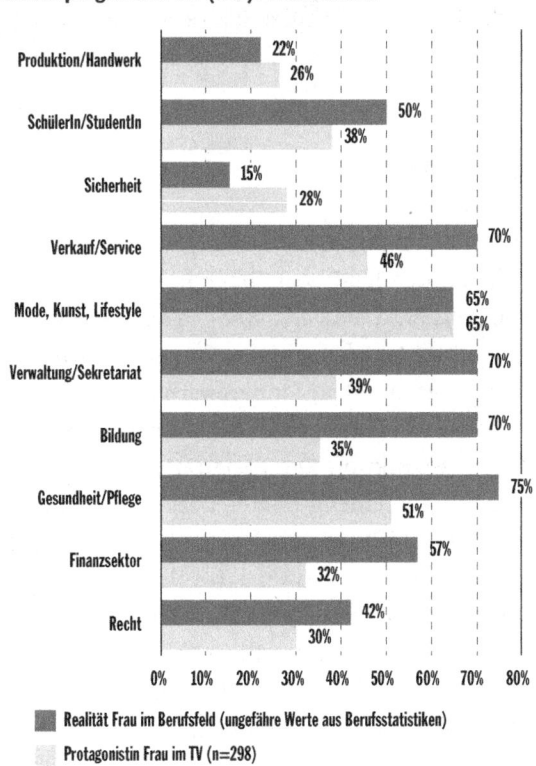

Aber: Das Bild hinkt auch hier erschreckend der Realität hinterher. Frauen kommen auch in der Fiktion seltener in den Berufsfeldern vor als im realen Leben. Es gibt zum Teil um die Hälfte weniger Bankerinnen, Juristinnen, Ärztinnen und Krankenschwestern, weniger Verwaltungsangestellte, weniger Lehrerinnen und weniger Erzieherinnen als im echten Leben. Die einzigen Ausnahmen bilden die vielen Kommissarinnen der Krimiserien. Im Bereich Sicherheit sind weibliche Protagonistinnen in fiktionalen Sendungen mit 28 Prozent stärker repräsentiert (fast doppelt so oft) als im realen Leben (15%). Gleich häufig wie in der Realität kommen sie lediglich im Bereich Mode/Lifestyle vor.

Ansonsten kommen Frauen in den erdachten Geschichten des Fernsehens in allen Lebensbereichen seltener vor als im echten Leben. Sogar als Schülerinnen und Studentinnen sind sie unterrepräsentiert. In der Realität sind die Hälfte der Schüler Schülerinnen – genauso wie bei den Studierenden. Aber im Fernsehen sind nur 38 Prozent weiblich.

7.3 EIN TEUFELSKREIS?

Interessant sind hier die Verstärkereffekte: Je verzerrter das Bild ist, das wir im Fernsehen unter den ExpertInnen in Informationssendungen sehen, desto ungleicher ist die Darstellung in der Fiktion. Abbildung 22 zeigt dies anschaulich. Man kann hier sogar einen linearen Zusammenhang feststellen. Je größer der Männerüberhang bei den Experten in der Fernsehinformation, desto größer ist die Lücke an Frauen in diesen Berufen in der Fernsehfiktion. Der Expertenüberhang beispielsweise bei der Bildung führt zu einer größeren Lücke bei der fiktionalen Darstellung von Frauen in Bildungsberufen. Die Dominanz der Männer als Experten in diesen Berufsfeldern verstärkt also das Phänomen.

Das bedeutet, Frauen kommen im Fernsehen sowohl in den Informationssendungen als auch in den fiktionalen Sendungen nicht der Realität entsprechend vor. Zwar gibt es keinen Anlass, dass erfundene narrative Geschichten die Realität abbilden müssen, aber es ist auffällig, wie verzerrt das Bild der Realität ist, weil Frauen systematisch in vielen Bereichen ausgeblendet werden. Wir können daher die These formulieren, dass die Frau im Fernsehen nur einen kleinen Korridor an Möglichkeiten und Gestaltungsräumen hat, in dem sie vorkommen und agieren kann. Der Mann wird im TV jedoch in einer Vielzahl und Vielfalt an individuellen Entwürfen, Themen und Handlungsräumen dargestellt. Er ist alt und jung, hat viele Berufe und Funktionen.

ABBILDUNG 22
Geschlechterkluft bei den Experten in der Fernsehinformation verstärkt Frauenlücke im fiktionalen TV

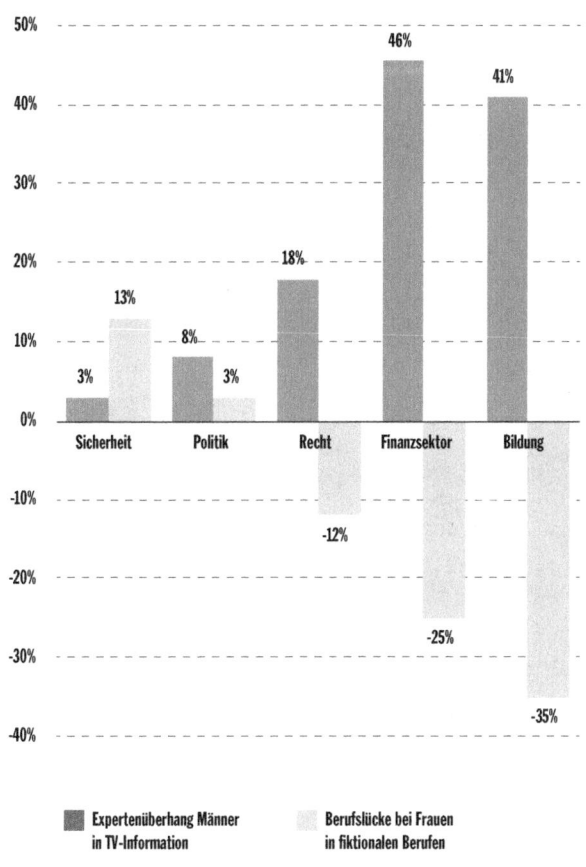

Das bedeutet aber auch, dass das Fernsehen der Realität hinterherhinkt und uns ein veraltetes, weil enges und wenig vielfältiges Frauenbild zeigt. Es scheint, als ob die DrehbuchautorInnen und Redaktionen das schon verzerrte Bild des Informationsfernsehens als vermeintliche Realität übernehmen und weiter verzerren. Sie zeigen Frauen in diesen Berufen ebenfalls nicht und zementieren damit die rückständige Darstellung.

8. DIE FRAU IM DEUTSCHEN KINO

8.1 WENIGER SICHTBAR, WENIG VIELFÄLTIG UND WENIGER ZU SAGEN

In den 883 deutschsprachigen und mit deutschen Geldern finanzierten Filmen aus den Jahren 2011 bis 2016 lag der Anteil der Frauen an zentralen Rollen bei 42 Prozent. Insgesamt zeigte sich damit für den Kinobereich, im Vergleich zum Fernsehen, ein etwas geringerer Unterschied in der Anzahl der Protagonistinnen und Protagonisten. Betrachten wir auch die Nebenrollen, dann bleibt das Verhältnis in etwa gleich: Auch hier gibt es ca. 40 Prozent Frauen- und 60 Prozent Männerrollen. Dieses Verhältnis von 40:60 ist in den sechs untersuchten Jahren gleichbleibend. Auch das Jahr 2016, welches von der Filmkritik gerne als das Filmjahr der starken Frauen (z. B. *Toni Erdmann* von Maren Ade oder *Wild* von Nikolet Krebitz [beide 2016]) bezeichnet wurde, macht hier keine Ausnahme. Der Anteil an Hauptdarstellerinnen bleibt also über die Jahre konstant. Die Hälfte der Filme bleibt ohne weibliche Hauptrolle (48%), aber nur ein Drittel der Filme (34%) ohne männliche. So kommen wir auf Durchschnittswerte wie 0,6 weibliche Protagonistinnen und 0,9 Männer. Zählt man Haupt- und Nebenrollen zusammen, so sehen wir 3,4 weibliche und 5,5 männliche Rollen in einem durchschnittlichen deutschen Kinofilm.

Aus diesen 883 Filmen zogen wir eine ausgewählte Stichprobe von 100 Filmen, die wir genau ansahen und dort zu den Figuren weitere Eigenschaften erhoben. Die 100 Filme setzten sich aus den jeweils Top 10 aus den Mainstream- und Top 10 der Arthouse-Charts mit den jeweils meisten BesucherInnen aus den Jahren 2011 bis 2016 zusammen. Der Einbezug von Arthousefilmen war uns wichtig, da möglicherweise kleinere und anspruchsvollere Arthousefilme ein anderes, vielleicht progressiveres Bild der Geschlechterverhältnisse zeigen würden. Die jeweiligen Top 10 der besucherstärksten Filme wurden gewählt, um Filme zu analysieren, die auch tatsächlich ein Publikum gefunden hatten, denn nur was gesehen wurde, kann eine Wirkung entfalten. So gibt es unter den 883 Filmen auch solche, die weniger als 500 BesucherInnen erreichten. Die Stichprobe der 100 Filme umfasste 51 Komödien, 28 Dramen und 21 Kinder- beziehungsweise Jugendfilme. Die Besucherzahlen lagen zwischen 7,6 Millionen Besuchern bei *Fack ju Göhte 2* (2015) und 65.000 bei *Ein Tick anders* (2011).

ABBILDUNG 23
ProtagonistInnen und Nebenrollen im Kinofilmen 2011 - 2016

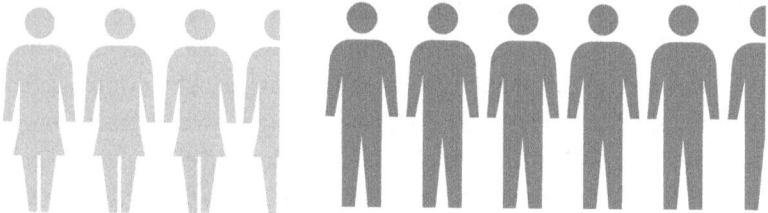

Ein Film hat
3,4 weibliche Rollen

und **5,5**
männliche Rollen

Bei diesen 100 Filmen untersuchten wir nach Sichtung die sexuelle Orientierung der Figuren, einen möglichen Migrationshintergrund, Körperstatur, Beruf und Berufsfeld, Hierarchie der beruflichen Stellung, Beziehungsstatus und Kinder. Außerdem wurde die Präsenz, also die Sichtbarkeit der Hauptfiguren, per Stoppuhr gemessen. Als Bildschirmzeit wurde gewertet, wenn die Figur zentral im Bild (Frontansicht) beziehungsweise in einem größeren Bildausschnitt mit weiteren Figuren zentral zu sehen war.

Den größten Unterschied finden wir nun, wenn wir die Sichtbarkeit von Frauen und Männern im deutschen Kino vergleichen. So sind Frauen (28 Min. und 45 Sek.) auch in einer Hauptrolle über sechs Minuten kürzer im Bild zu sehen als Männer (35 Min. und 5 Sek.). Rechnet man dies auf die 883 Filmen hoch, dann sind es 11.081 Minuten oder 184 Stunden, die Frauen weniger sichtbar im deutschen Kino sind als Männer. Bezieht man die kürzere Sichtbarkeit von Frauen und die geringere Anzahl an Rollen mit ein, dann finden wir ein ähnliches Verhältnis wie im Fernsehen: Frauen sind nur zu etwas mehr als einem Drittel (37%) in deutschen Kinofilmen als ProtagonistInnen sichtbar, Männer hingegen zu knapp zwei Dritteln (63%).

ABBILDUNG 24
Sichtbarkeit von Frauen im Kino nach Zeit (Top 100 Filme)

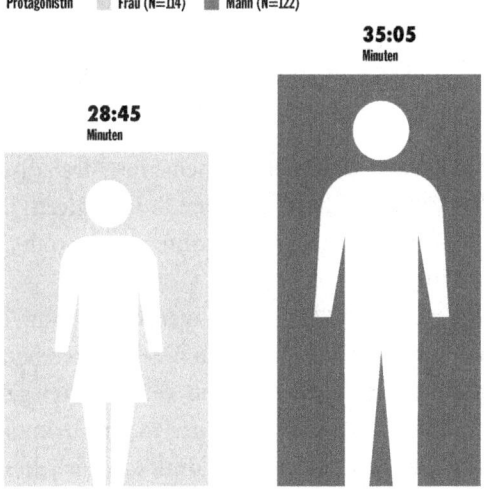

Frauen sind nicht nur weniger sichtbar, sondern haben auch weniger zu sagen. In einer noch kleineren Stichprobe von 20 Filmen (10 Mainstream- und 10 Arthouse-Filme) stoppten wir auch die Sprechzeit von Frauen und Männern. Hier zeigt sich, dass Männer in den Hauptrollen ca. acht und Frauen nur sechs Minuten sprechen, also immerhin ein Viertel weniger. Dies bestätigen auch die Ergebnisse die die Firma Polygraph für Hollywood erhoben hat. Auch dort haben Frauen signifikant weniger Wortanteile (ANDERSON/DANIELS 2016). Auf die Analyse dieses kleinen Detailsamples gehen wir später noch genauer ein.

ABBILDUNG 25
Alter der ProtagonistInnen im Kino (2011 - 2016 alle Filme)

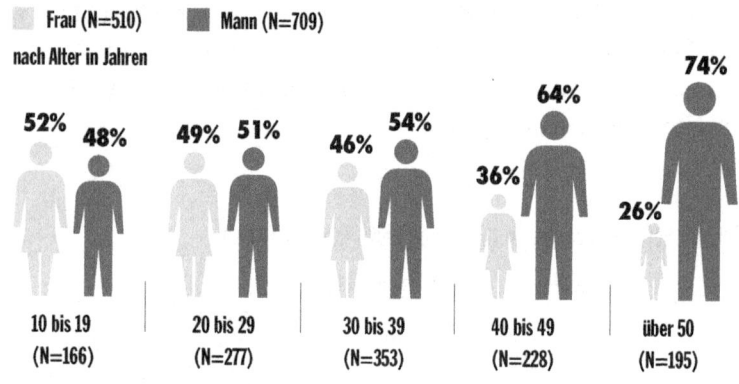

Auch im Kino zeigt sich das Phänomen einer Altersdiskriminierung von Frauen. Bis Mitte 30 Jahren kommen Frauen gleich häufig oder sogar häufiger vor als im realen Leben, dann verschwinden sie auch sukzessiv von der Kinoleinwand.

In der Altersgruppe der über 50-Jährigen kommen auf eine Frau drei Männer. Bezieht man die Nebenfiguren bei der Altersbetrachtung mit ein, so bleibt das Bild gleich. Auch bei den Nebenfiguren zeigt sich ein geschlechtsspezifischer Alterskluft: Ab Mitte 30 verschwinden die Frauen.

Mit den Bedürfnissen des Kinopublikums lässt sich dieses Phänomen nur bedingt erklären. So ist zwar die Hälfte der Kinobesucher unter 30 Jahre alt und somit ähnlich jung wie die meisten Hauptfiguren. Aber vor allem ältere Frauen ab 50 sind die zuverlässigsten Kinobesucherinnen von Arthouse-Filmen, zu denen der deutsche Film in der Regel zählt (FFA 2018: 16).

Dies ist nicht nur ein deutsches Fernsehphänomen, sondern wird auch in der Hollywood-Filmindustrie diskutiert. Für die Schauspielerin Kristin Scott Thomas ist es ein großer Verlust an Geschichten, da gerade Frauen ab 50 Jahren viel zu erzählen hätten. »Frauen im mittleren Alter haben auch ein Leben und verlieben sich. Es ist doch kein Zufall, dass so viele Ehen gerade zu diesem Zeitpunkt zu Ende gehen. Doch von der Leinwand verschwinden die Frauen in den Dreißigern plötzlich und tauchen erst als Großmütter wieder auf« (zit. n. *Der Tagesspiegel* 2015).

Laut Meryl Streep und der deutschen Fernsehproduzentin Regina Ziegler wird es schon ab 41 Jahren schwer für Schauspielerinnen. Dies bestätigt auch Julia Beerhold, Mitglied des Schauspielerverbandes BFFS: »Für uns alle ist das ein Problem, auch mittlerweile für mich. Wenn ich mir die Drehbücher so anschaue, dann gibt es da vielleicht, wenn es gut geht, eine Rolle für eine Frau über 45, der Rest sind Männer oder junge Frauen« (BFFS Bundesverband Schauspiel e.V. 2017).

Die Schauspielerin Thekla Carola Wied geht sogar so weit, es Altersrassismus zu nennen (zit. nach *Der Tagesspiegel* 2015).

Eine Lösungsmöglichkeit für dieses Problem ist die Gründung einer eigenen Produktionsfirma, die Drehbücher für ältere Frauen verfilmt. Die Liste der prominenten Schauspielerinnen, die ihre eigenen Produktionsfirmen gegründet haben, um mehr und bessere Rollen für sich zu schaffen, ist lang und reicht von Reese Witherspoon zu Nicole Kidman. Oder aber die Schauspielerinnen führen selbst Regie wie Angelina Jolie, Jodie Foster, Karolin Herfurth, Nicolette Krebitz oder Maria Schrader.

8.2 EIN FRAUENBILD AUS DEN 1970ER-JAHREN?

Die US-amerikanische Comic-Zeichnerin Alison Bechdel ließ 1985, inspiriert von ihrer Partnerin Liz Wallace, in ihrem Comicstrip *Dykes to watch out for* zwei Frauen an einem Kino vorbeigehen und sich darüber unterhalten, dass sie keinen Film mehr sehen möchten, der drei Kriterien nicht erfüllt: Kommen in dem Film zwei Frauen vor? Sprechen diese miteinander? Sprechen sie über etwas anderes als Männer und

Beziehungen? Aus diesem ironischen gemeinten Gespräch ist über die Jahre ein populäres Werkzeug geworden, mit dem gezeigt werden soll, wie sehr Frauenfiguren in Kinofilmen immer noch auf eine (heterosexuelle) Partnerschaft und Beziehung reduziert werden. Dabei ist der Bechdel-Wallace-Test an sich kein wissenschaftlicher Test – er eignet sich aber trotzdem hervorragend, um das Frauenbild zu untersuchen. Mit den drei geforderten Kriterien werden in der Tat zentrale Fragen der filmischen Dramaturgie beantwortet, also ob die Filmfiguren so bedeutend sind, dass sie auch ein Gespräch führen. Wir haben für unsere Studie noch ein viertes Kriterium hinzugefügt: Haben die beiden Frauen, die miteinander sprechen, einen Rollennamen? Diese Ergänzung ist aus der Figurentheorie wichtig, da sich hier die handlungstragende Relevanz der Figur zeigt. Sie muss für die Geschichte des Films wichtig genug sein, um einen für das Publikum erkennbaren Namen zu bekommen. So würde das Gespräch mit der Kassiererin im Supermarkt über 3,92 Euro zwar ein Gespräch von zwei Frauen sein, die nicht über Männer sprechen, aber da die Kassiererin keinen Namen hat, wäre das für uns hier nicht relevant. Die Filmförderungen in Schweden und die europäische Filmförderung von Eurimages nehmen diesen Test sogar als Gütesigel, ob Frauen divers dargestellt werden (EURIMAGES 2018).

Der Bechdel-Wallace-Test eignet sich also vor allem dazu, um zu untersuchen, ob Frauen nach wie vor häufiger im Kontext von Beziehung und Partnerschaft dargestellt werden und damit stereotyp bleiben. Um vergleichen zu können, ob Frauen stereotyper dargestellt werden als Männer, haben wir den Test umgedreht und aus dem Bechdel-Wallace-Test den Furtwängler-Test gemacht. Also: Gibt es in dem Film zwei Männer? Haben diese einen Namen? Sprechen sie miteinander und sprechen sie nicht über Frauen und Beziehungen?

In etwa neun von zehn Fällen bestehen die deutschen erfolgreichen Kinofilme den Furtwängler-Test. Das heißt, zwei Männer sprechen über etwas Anderes als Frauen und Beziehungen. Männer werden also in vielen Kontexten dargestellt. Anders sieht es bei den Frauen aus: Zwar besteht auch hier über die Hälfte der Filme den Bechdel-Wallace-Test, aber immerhin 43 Prozent der Filme nicht. Das heißt, im Vergleich zu den Männern (13%) kommen Frauen dreimal (43%) so oft reduziert und stereotyp im Kontext von Beziehung und Partnerschaft vor.

ABBILDUNG 26
Stereotype Darstellung im deutschen Kino (Top 100)

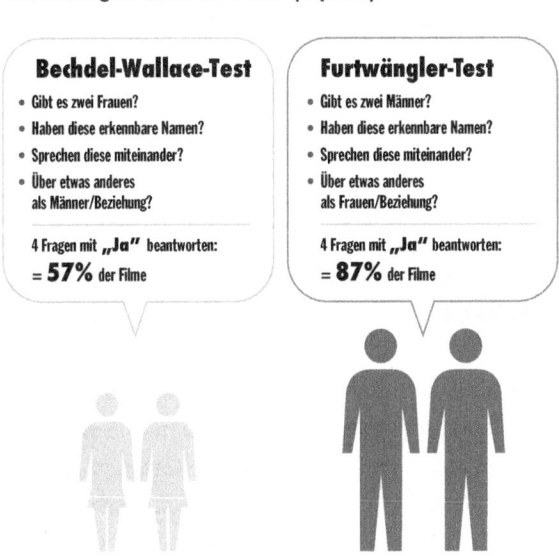

Das Bild des Bechdel-Wallace-Tests wird durch weitere Ergebnisse bestätigt: Frauen sind im deutschen Kino häufig auf der Suche nach einem neuen Partner. Untersucht man den Familienstand der Figuren, so ist ein Drittel der Frauen Single und bei einem Viertel der Protagonistinnen verändert sich der Beziehungsstatus während des Films. Sie sucht also zuerst einen Partner und findet ihn dann auch. Außerdem sind Frauen seltener verheiratet als Männer und haben seltener Kinder, was sich durch die Partnersuche und das jüngere Alter erklären lässt. Dafür bekommen Männer häufiger Kinder im Laufe des Films.

Auch in anderen Aspekten ist das deutsche Kino erstaunlich traditionell. So wird eine sexuelle Diversität nicht sichtbar. Drei Viertel der ProtagonistInnen (77%) sind eindeutig als heterosexuell erkennbar. In 21 Prozent der Fälle war die sexuelle Orientierung nicht erkennbar.

Bei den restlichen zwei Prozent finden sich zwei bisexuelle Frauen, ein bisexueller Mann und zwei homosexuelle Männer. Laut einer repräsentativen Studie (HAUNHORST 2016) wird davon ausgegangen, dass ca. sieben Prozent der deutschen Bevölkerung eine andere sexuelle Orientierung haben als eine heterosexuelle und sich als LGBTQ-Personen (Lesbian, Gay, Bi, Trans, Queer) bezeichnen. Somit zeigt das deutsche Kino deutlich weniger diverse Sexualitäten, als in der Realität vorkommen. Auch sind im Kino weniger Personen (13%) mit erkennbarem Migrationshintergrund zu sehen als im realen Leben (21%).

8.3 DIE EINDIMENSIONALE FILMFRAU – DER VIELSCHICHTIGE KINOMANN

Frauenfiguren sind eindimensional angelegt was ihr Aussehen, ihr Handeln und ihre Charaktereigenschaften betreffen. Die dicke Fernseh- oder Kinofrau gibt es so gut wie nicht. Männer kommen jedoch viel häufiger in allen Körperformen und mit vielen Eigenschaften vor. Frauen im Kino sind schlank oder sehr schlank und haben mittellange bis lange Haare. Auch Männer sind im Kinofilm überwiegend schlank und durchtrainiert, aber es gibt durchaus auch mollige und leicht rundliche Männer, während bei Frauen in unseren 100 Filmen keine Ausnahmen vorkommen. Anders als in den US-amerikanischen Kinofilmen können wir keine sexualisierte Darstellung von Frauen erkennen. Stacy Smith (SMITH 2008) ermittelt für die USA regelmäßig, dass Frauen sexier gekleidet sind als Männer. Für das deutsche Kino können wir festhalten, dass die meisten Frauen und Männer überwiegend bedeckt bekleidet sind und eine betont sexy Bekleidung so gut wie nicht vorkommt. Dies liegt natürlich auch an den Genres der deutschen Kinofilme, eine *Wonderwoman* im super sexy Kostüm wird bei uns nicht produziert.

Auch im Kino kommen Frauen seltener in den Berufen vor, die sie in der Realität innehaben wie Bildung, Gesundheit oder Recht. Deutsche Kinofrauen, aber auch die Kinomänner, arbeiten überproportional häufig in kreativen Medienberufen. Wenn eine Frau eine Führungsposition innehat, dann in diesen Feldern. Insgesamt zeigt sich aber, dass Männer doppelt so oft in Führungspositionen zu sehen sind.

Um Charaktereigenschaften und Handlungsoptionen zu untersuchen, haben sich Sarah-Anne Eisenbeis (2017) und Julia Stüwe (2017) in ihren Masterarbeiten im Rahmen des Projektes 20 Filme aus der Top-100-Liste im Detail angesehen. Die Detailanalyse war so zeitaufwendig, dass diese nicht für alle Filme möglich war. Wiederum wurden zehn deutsche Mainstream- und zehn deutsche Arthousefilme herangezogen. Diese 20 Filme wurden so ausgewählt, dass in etwa gleich viele mit weiblicher und männlicher Hauptrolle vorlagen und sowohl Filme von Regisseurinnen und Regisseuren vertreten waren. Zu dieser Auswahl zählen Filme wie *Barbara* (2012) oder *Hannah Arendt* (2012), *Der Geschmack von Apfelkernen* (2013), aber auch *Kokowääh* (2011), *Männerhort* (2014) oder *Russendisko* (2012). Natürlich ist diese Auswahl nicht repräsentativ für alle Filme der Jahre 2011 bis 2016, aber es gibt einige Hinweise, dass sich die Ergebnisse für die 20 Filme, mit denen der 100 Filme decken. So ist die Verteilung der Berufe und der beruflichen Hierarchien ähnlich. Auch hier zeigt sich ein deutlicher Unterschied in der Leinwandpräsenz von Frauen und Männern.

Anhand einer Liste von über 50 Adjektiven, die sowohl Charaktereigenschaften, aber auch Handlungsarten beschreiben, wurde jede Hauptrolle codiert. Erstes auffälliges Ergebnis ist, dass Frauen im Kino sehr viel weniger Eigenschaften haben als Männer. Viele der 50 Adjektive treffen auf die weiblichen Hauptfiguren nicht oder nur selten zu, während fast alle Adjektive den verschiedenen Männern zugeordnet werden können. Frauen sind häufiger nett, gutmütig, fürsorglich und offenherzig. Die Ergebnisse von Eisenbeis lassen sich wie folgt zusammenfassen: Frauenrollen sind nicht nur emotional und mütterlich, aber sie sind meist festgelegt. Es gibt kaum eine Entwicklung in ihrer Persönlichkeit und sie haben keine Ecken und Kanten. Ihre Eigenschaften sind fast immer positiv belegt, fast nie unbeherrscht, arrogant, rücksichtslos oder haben andere negative Eigenschaften. Zwar gibt es negativ angelegte Charaktere, die aber in dieser Rolle verbleiben und keine Entwicklung zeigen (EISENBEIS 2017). Frauen reden über die Partnerschaft und die Suche nach einem Mann, eher selten über Berufliches und kaum über andere Themen, egal ob im Mainstream- oder im Arthousefilm.

Männer sind vielfältiger, sie sind unter anderem selbständig, selbstzufrieden, gutmütig, bevormundend, dominant, kontaktfreudig und väterlich sowie fürsorglich. Männer sind zwar nie unterwürfig, schwatzhaft oder kindlich, aber alle anderen 50 Adjektive trafen auf verschiedene Figuren durchaus zu.

Die Frauenrollen sind wesentlich statischer und eindimensionaler angelegt als die Männerrollen. Es gibt dadurch erkennbare Tendenzen zu tradierten Rollenmustern, da bei Frauen die soziale Komponente stärker ausgeprägt ist. Auch im kleinen Sample haben Frauen kaum Führungspositionen im Beruf. Männer kommen insgesamt doppelt so oft in einem beruflichen Umfeld vor wie Frauen, die vor allem im Umfeld mit Freunden zu sehen sind.

9. IST DIE ZUKUNFT GLEICHBERECHTIGT? NICHT IM KINDERFERNSEHEN

9.1 MÄNNLICHE TIERE UND SUPERDÜNNE ELFEN – DIE UNGLEICHEN FANTASIERÄUME IM KINDERFERNSEHEN

Fernsehen eröffnet das Tor zur Welt – so eine hoffnungsvolle Aussage, bei der mitschwingt, dass gutes Programm sowohl Wissen und Werte, aber auch das Entdecken von neuen Dingen, Menschen und Möglichkeitsräumen bietet. Insbesondere für das Kinderfernsehen ist diese These wichtig. Kinder wachsen mit Fernsehfiguren und -geschichten sowie mit Menschen auf dem Bildschirm auf, die ihnen die Welt zeigen und Neues erklären. Kinder erfahren ihre Sozialisation im Kontext medialer Kommunikation (MIKOS 2010) und dabei haben Repräsentationen, also Darstellungen von Menschen, eine wichtige Rolle inne. Sie begleiten das Aufwachsen und können sogar zu Identifikationsfiguren und Rollenvorbildern werden (WEGENER 2004). So schreibt Lisa Furtwängler: »Die Bilder, die ich als Kind gesehen habe und die ich auch jetzt noch sehe, beeinflussen mich. Sie dringen in mein Unterbewusstsein ein, prägen meine Beziehung zu meinem Körper und mein Bild als Frau« (FURTWÄNGLER 2018). Vor diesem Hintergrund stellt sich die Frage, welche Menschen im deutschen Kinderfernsehen sichtbar werden und wie divers ihre Darstellungen sind. Wir wollten wissen: Wie präsent sind Mädchen/Frauen und Jungen/Männer im Kinderfernsehen? In welchen Funktionen sind sie sichtbar? Sind eher die Mädchen Chefinnen einer Bande oder sind es die Jungs? Wie sieht es in den verschiedenen Genres des Kinderfernsehens aus? Spielt es eine Rolle, ob das Programm animiert wurde oder ob es sich um eine Informationssendung handelt? Letztendlich wollten wir wissen, welche Diversität das deutsche Fernsehen Kindern anbietet, um zu sehen, welche Möglichkeitsräume unseren Kindern angeboten werden.

9.2 DAS KINDERFERNSEHEN

Fiktionale Programme bestimmen mit durchschnittlich 87 Prozent das deutsche Kinderfernsehen 2016. Vor allem der DISNEY CHANNEL und NICKELODEON setzen auf die fiktionale Programmsparte (99%). Der öffentlich-rechtliche Kindersender KIKA weist im direkten Vergleich einen höheren Anteil an Informations- und Unterhaltungssendungen auf. Neben zwei Drittel fiktionalen Programmsendungen werden hier zu zehn Prozent Sendungen im Bereich der Kinderfernsehinformation (z.B. *logo!* oder *Oli's Wilde Welt*) und zu 23 Prozent hybride Unterhaltungssendungen (z.B. *Tigerenten Club* oder *Ene Mene Bu*) gezeigt. Hybride Unterhaltungssendungen sind eine Mischung aus Entertainment und Information.

Zu den fiktionalen Programmen im Kinderfernsehen gehören hauptsächlich Serien, seien sie animiert oder als Realfilm mit SchauspielerInnen. Serien im Kinderfernsehen sind meist 15 bis 20 Minuten lang, Spiel- oder Fernsehfilme kommen selten vor.

Das in Deutschland ausgestrahlte Kinderfernsehen wird oft international produziert (75%). Am häufigsten sind US-amerikanische Produktionen zu finden (40%). Deutsche und deutsch-koproduzierte Sendungen machen insgesamt einen Anteil von 25 Prozent der gesamten Stichprobe aus.

Deshalb beziehen sich die Ergebnisse zum Kinderfernsehen auf alle Programme insgesamt, also auch auf die ausländischen Produktionen – anders als beim Fernsehen für Erwachsene.

9.3 DIE UNGLEICHE GESCHLECHTERVERTEILUNG IM DEUTSCHEN KINDERFERNSEHEN

Im Kinderfernsehen haben wir über alle Programmsparten hinweg eine ungleiche Geschlechterverteilung festgestellt. Der Anteil an männlichen Protagonisten beziehungsweise Hauptakteuren macht insgesamt 72 Prozent aus, der an weiblichen 28 Prozent. So kommen auf eine weibliche Figur im Kinderfernsehen drei männliche. Eine ähnliche Differenz setzt sich bei den Nebenfiguren und NebenakteurInnen mit 65 Prozent männlichen und 35 Prozent weiblichen Personen fort. Betrachten wir die Animationsprogramme, so sind nur 23 Prozent der Hauptfiguren weiblich.

ABBILDUNG 27
Auf 1 weibliche Figur im Kinderfernsehen kommen 3 männliche.

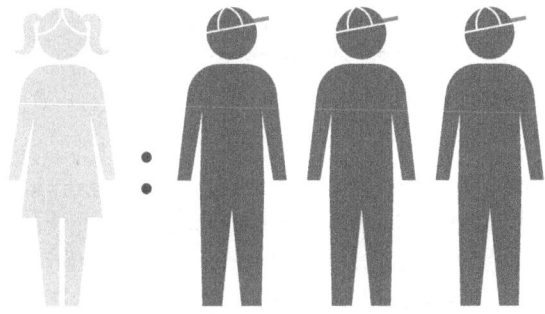

Auch das Kinderfernsehen wird eher ohne Mädchen-, als ohne Jungenfiguren erzählt. Über die Hälfte (54%) aller untersuchten Sendungen werden gänzlich ohne weibliche Protagonistinnen realisiert, wohingegen nur 16 Prozent der analysierten Programme keine männliche Hauptfigur zeigen.

In der hybriden Unterhaltung im Kinderfernsehen sind 68 Prozent der HauptakteurInnen männlich und 32 Prozent weiblich. In der Kinderfernsehinformation stehen 64 Prozent männliche und 36 Prozent weibliche HauptakteurInnen im Mittelpunkt.

ABBILDUNG 28

Kinderfernsehen – Programmsparten nach Geschlecht

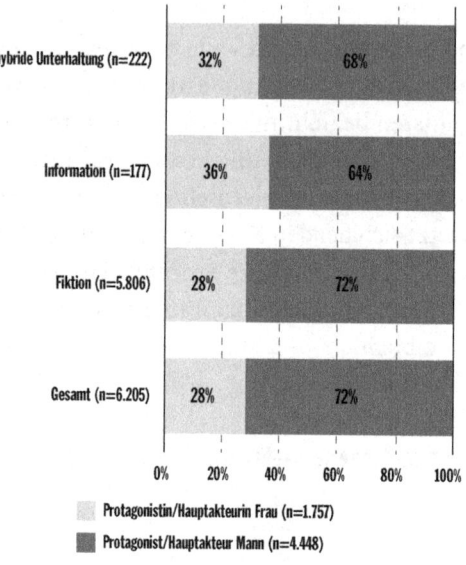

Vergleicht man den öffentlich-rechtlichen KIKA mit den privatkommerziellen Fernsehsendern (SUPER RTL, DISNEY CHANNEL und NICKELODEON), werden beim KIKA mehr Frauen sichtbar. Dort sind 35 Prozent der Figuren weiblich, im privat-kommerziellen Kinderfernsehen nur 26 Prozent.

Die meisten gezeichneten oder echten Figuren im Kinderfernsehen sind eindeutig als Frauen oder Männer zu erkennen. Wir haben dies über die Namen oder die Ansprache (er oder sie) festgestellt. Eine konkrete Codierung war vor allem bei den Fantasiefiguren wichtig. So ist ein Baum nicht männlich, nur weil es »der Baum« heißt. Auch »das« Einhorn wurde ausschließlich über seinen Namen oder seine Ansprache einem Geschlecht zugeordnet. Zu den wenigen Ausnahmen, bei denen das Geschlecht nicht erkennbar war, gehören »das« Kikaninchen (KIKA), »der« blaue Elefant (KIKA) oder Pikachu von den Pokémon auf NICKELODEON. So sind es nur zwei Handvoll Figuren, deren Geschlecht nicht erkennbar war. Das gleiche gilt für die Sexualität. Dem Kinderfernsehen entsprechend wird bei den meist jungen Figuren bei 85 Prozent die Sexualität nicht thematisiert. Bei 14 Prozent der jugendlichen und erwachsenen Figuren ist eine heterosexuelle Orientierung erkennbar und bei einem Prozent eine homosexuelle oder lesbische.

Im Vergleich zu Daten von vor zehn Jahren gibt es keine Veränderung zu mehr Ausgewogenheit in der Geschlechterverteilung im deutschen Kinderfernsehen. So ermittelten Brosius und Götz im Jahr 2007 für das fiktionale Kinderfernsehen ca. 31 Prozent weibliche Hauptfiguren (BROSIUS/GÖTZ 2008), denen 2016 nun 28 Prozent gegenüberstehen. Auch die aktuelle Untersuchung von Götz et al. (2018), eine Replikationsstudie der Untersuchung von 2007, die das Kinderfernsehen mit einer Stichprobe von jeweils drei Tagen im Herbst 2017 international vergleicht, kommt auf ähnliche Größenordnungen. Dort sind im Herbst 2017 genau ein Drittel (33%) der Hauptfiguren weiblich.

Auch der Blick auf die deutschen (ko-)produzierten Sendungen bestätigt die ungleiche Verteilung über die Programmsparten hinweg. So sind nur minimale Abweichungen zwischen internationalen und deutschen Produktionen zu finden. Im deutschen fiktionalen Kinderfernsehen werden 34 Prozent weibliche Protagonistinnen erfasst, während der Anteil männlicher Protagonisten bei 66 Prozent liegt. Hybride Unterhaltungsformate haben 64 Prozent männliche Hauptakteure und in 36 Prozent treten weibliche Hauptakteurinnen auf. Bei den Informationssendungen gibt es 62 Prozent männlichen Hauptakteure gegenüber 38 Prozent weiblichen Hauptakteurinnen.

9.4 MÄNNLICHE FANTASIEFIGUREN

Egal ob Koffer oder Schwamm – sobald Alltagsgegenstände lebendig werden, Tiere anfangen zu sprechen und Pflanzen offensichtlich leben, werden sie zum größten Teil männlich inszeniert. Gerade in diesen Fantasieräumen, die per se erst einmal neutral erscheinen, setzen die Kinderfernsehproduktionen auf männliche Verkörperungen und Assoziationen. So werden Tiere (87%), Pflanzen und Objekte (88%)

sowie Roboter und Maschinen (84%) überwiegend männlich dargestellt. Weibliche Besetzungen können dagegen in keinem Bereich eine gleichberechtigte Stellung für sich beanspruchen. Imaginäre Figuren und Fantasieräume werden damit fast ausschließlich von Jungen und Männern besetzt.

Im Vergleich zu den Daten von 2007 zeigt sich dabei eine Verschlechterung des Geschlechterverhältnisses bei den Tieren, bei denen damals 74 Prozent männlich waren (BROSIUS/GÖTZ 2008).

ABBILDUNG 29
Fantasiefiguren im Kinderfernsehen

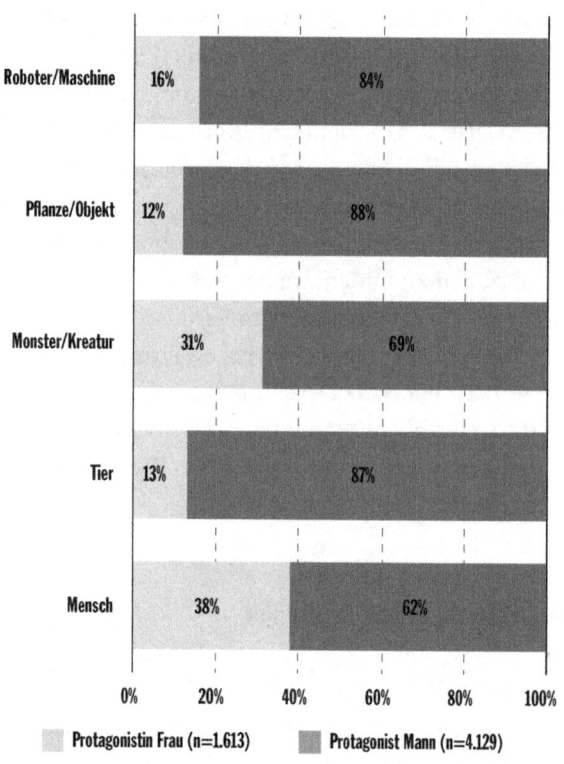

ALTER: DOPPELTE DISKRIMINIERUNG

Die ProtagonistInnen und HauptakteurInnen im Kinderfernsehen sind im Durchschnitt 17 Jahre alt. Am jüngsten sind die ProtagonistInnen im fiktionalen Bereich im Vergleich zu den Programmsparten Hybrid, Unterhaltung und Kinderfernsehinformation. Hier kann ein Altersdurchschnitt von 16 Jahren konstatiert werden. Bis zum 29. Lebensjahr treten größtenteils weibliche und männliche ProtagonistInnen und HauptakteurInnen gleichermaßen im Kinderfernsehen auf. Dabei ist vor allem die Altersspanne von 10 bis 14 Jahren herausragend, in welcher mit 1.700 gezählten Personen die meisten ProtagonistInnen und HauptakteurInnen auf dem Bildschirm sind. Ab dem 30. Lebensjahr treten vermehrt männliche Protagonisten und Hauptakteure auf. In der Alterspanne 30 bis 39 Jahre beläuft sich der Anteil auf 81 Prozent und in der Kategorie 40 plus auf 80 Prozent. Weibliche Protagonistinnen und Hauptakteurinnen werden in beiden Altersgruppen zu etwa 20 Prozent sichtbar.

Das heißt, auch im Kinderfernsehen sehen wir viermal so viele ältere Männer als ältere Frauen. Bemerkenswerterweise, kann also die Frage gestellt werden, wieso der Opa mit dem Enkel deutlich häufiger vertreten ist als die Oma. In Anbetracht der Alterszusammensetzung ist diese Konstellation der Darstellung zu hinterfragen. Sie steht nahezu im Widerspruch zur sozial-strukturellen Realität. Im Kinderfernsehen – so müssen wir festhalten – ist ebenso wie im Fernseh-Vollprogramm ein möglicher Mechanismus der Ausblendung von Frauen im Alter zu hinterfragen.

ROLLE IN DER GRUPPE

Betrachtet man, wie die untersuchten ProtagonistInnen in (größeren) Gruppen positioniert sind, so sind die AnführerInnen zu 81 Prozent männlich besetzt, wohingegen 19 Prozent mit weiblichen Protagonistinnen in dieser Position inszeniert wurden. Dies erklärt sich natürlich auch durch die höhere Anzahl von männlichen Figuren insgesamt. Bezieht man die Daten auf jeweils alle weiblichen und jeweils alle männlichen Figuren, dann sind nur sieben Prozent der weiblichen Figuren die Anführerin ihrer Gruppe, während dies mehr als doppelt so oft für männliche Figuren zutrifft (16%). Diese Unterschiede sind hoch signifikant. Auffällig ist, dass weibliche Figuren häufiger als Einzelgängerinnen auftraten und somit keine Gruppenanführerinnen sein konnten. Wenn sie aber als Anführerinnen im aktuellen Programm inszeniert werden, haben sie hauptsächlich ein menschliches Aussehen – sowohl gezeichnet als auch real. Mit 95 Prozent überwiegt dieser Anteil deutlich. Bei männlichen Protagonisten führen Menschen mit 53 Prozent eine Gruppe an, allerdings treten 33 Prozent als männlich dargestellte Tiere auf.

HAARFARBE

Zusätzlich wurde für fiktionale ProtagonistInnen die Haarfarbe codiert. Dabei wurden nur jene Figuren betrachtet, die menschlich waren – sowohl gezeichnet als auch real. Die gängigen Haarfarben schwarz, blond und auch braun verteilen sich dabei nahezu gleich auf weibliche und männliche ProtagonistInnen. Nur in einigen Bereichen kann eine dominierende Haarfarbe pro Geschlecht ermittelt werden: Pinke Haare haben fast ausschließlich weibliche Protagonistinnen (98%), weiße beziehungsweise graue Haaren kommen vor allem bei männlichen Protagonisten vor (90%), ebenso wie das Tragen einer Glatze (95%). Rote Haare kommen bei Mädchen (19%) proportional etwas häufiger vor als bei Jungen (12%).

Es gibt einen Zusammenhang zwischen Gruppenstatus und Haarfarbe. Bei den weiblichen Figuren sind die Anführerinnen häufiger schwarz- oder rothaarig und nur selten blond. Ein Ergebnis, das sich so auch schon in den IZI-Studien von 2006 und 2007 fand (BROSIUS/GÖTZ 2008). Männliche Anführer sind hingegen vielfältiger: Sie sind schwarz-, braun- oder rothaarig. Blonde Männer sind eher selten die Chefs der Bande.

9.5 WER ERKLÄRT KINDERN DIE WELT?

Wenn Kenntnisse und Wissen vermittelt werden und Kindern das Weltgeschehen erklärt wird, dann überwiegend von Männern.

In der Kinderfernsehinformation sind mit insgesamt 64 Prozent deutlich mehr Männer auf dem Bildschirm zu sehen. Sie sind sowohl Moderatoren als auch Experten zu bestimmten Themen. Auch in Quizshows und Lernspielen sind Männer mit 68 Prozent gegenüber 32 Prozent weiblichen Hauptakteurinnen deutlich überrepräsentiert. Der *Spiegel* fasst die Ergebnisse mit einer Wortspiel-Referenz zur populären *Sendung mit der Maus* treffend zusammen unter »Die Sendung mit dem Mann« (KLEEN 2018).

Im Bereich der Moderation von Kinderunterhaltungsshows können ähnliche Verhältnisse wie in der Information festgestellt werden. Weibliche Hauptakteurinnen führen zu 30 Prozent leitend durch eine Sendung, männliche Hauptakteure zu 70 Prozent.

ABBILDUNG 30
Funktionen nach Geschlecht in Kinderinformationssendungen

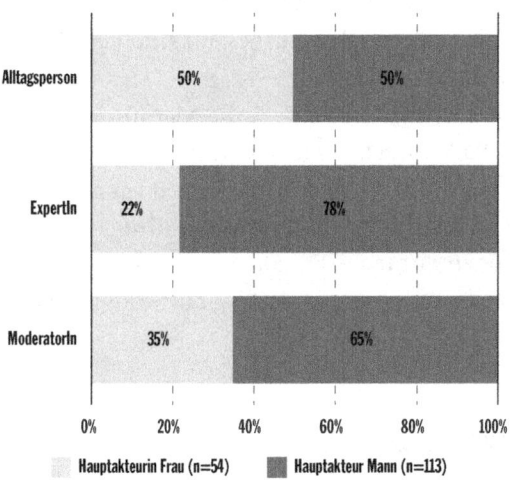

Zusätzlich wurde für alle Programmsparten erhoben, ob eine Stimme aus dem Off durch die Sendung führte beziehungsweise präsent war. Dabei stellte sich heraus, dass die Mehrheit der Kinderprogramme ohne ErzählerInnenstimme auskommen: 84 Prozent verzichten auf dieses Mittel. Falls doch eine Stimme aus dem Off zu hören ist, dann ist diese in drei Viertel der Fälle männlich. Außerdem gibt es häufiger rein männliche Erklär-Duos als rein weibliche Paare. Frauen sind eher Einzelerklärerinnen oder Teil eines Duos zwischen Mann und Frau.

9.6 WER MACHT DAS KINDERFERNSEHEN?

Die Untersuchung von Regie, Drehbuch und Produktion nach Geschlecht der jeweiligen Personen, die diese Funktion ausfüllen, ergibt im Kinderfernsehen eine deutliche Unterrepräsentanz von Frauen. Bei ungefähr drei Viertel der Produktionen ließ sich das Geschlecht von RegisseurInnen, DrehbuchautorInnen oder ProduzentInnen ermitteln. So sind 90 Prozent der RegisseurInnen Männer. Immerhin sind bei einem Drittel der Sendungen (36%) Frauen am Drehbuch beteiligt. Etwa die Hälfte des Kinderfernsehprogramms wird von Frauen allein oder als Teil eines Teams produziert und somit sind sie hier stärker als in den anderen Positionen vertreten. Insgesamt sind jedoch die Kinderfernsehmacher Männer.

Dabei spielt es durchaus eine Rolle, wer hinter der Kamera steht und arbeitet. So kommen in einer Kindersendung, die von einer Frau geschrieben wurde, mehr weibliche Figuren vor als in einer Sendung ohne weibliche Beteiligung. Auch Produzentinnen verfilmen öfter Kinderproduktionen mit mehr Frauen. Ein rein weibliches Produzentinnen-Team weist fast doppelt so viele weibliche Figuren auf wie ein rein männliches Team.

9.7 IS THE FUTURE EQUAL?

Nicht wenn es nach dem Kinderfernsehen geht. Ob Lizenzprogramm oder Eigenproduktion – die absolute Anzahl der männlichen Figuren ist deutlich höher als die der weiblichen. Insgesamt gilt: Nur eine von vier Figuren ist weiblich. Im Kinderfernsehen erklären Männer die Welt. Geht es um imaginäre Figuren und Fantasie, so ist dieser Möglichkeitsraum fast ausschließlich durch Jungen bzw. Männer besetzt. Auf eine weibliche Tierfigur kommen neun männliche. Das Geschlechterverhältnis hat sich dabei im Kinderfernsehen in den letzten zehn Jahren tendenziell verschlechtert.

Wir wissen, dass Kinder in medialen Welten Möglichkeitsräume auch für die eigene Identität und Entwicklung sehen. Daher erfordern die Ergebnisse, die ein völliges Ungleichgewicht und eine Ausblendung von Mädchen und Frauen belegen, eine dringende Thematisierung und Problematisierung. Die Unsichtbarkeit von Mädchen und die eingeschränkten Möglichkeiten führen auch zu eingeschränkten Vorstellungsräumen der jungen RezipientInnen. Sowohl Mädchen, aber auch Jungen sehen weibliche Figuren in geringerem Umfang, in weniger Vielfalt, nicht in Führungsrollen und in viel weniger Funktionen.

10. KINDERKÖRPER: ÜBERWIEGEND UNNATÜRLICH, SEXUALISIERT UND REALITÄTSFERN

10.1 DETAILANALYSE VON ANIMIERTEN KÖRPERDARSTELLUNGEN

Schwarz-gelb gestreift, große Augen und ein Lockenkopf – das ist geblieben. Doch die Körpermitte hat sich deutlich verändert. Die Biene Maja ist als jene Kultbiene aus den 1970er-Jahren kaum wiederzuerkennen. »Vom Moppel zum Magermodel« – so betitelt die FAZ diese Verwandlung (SCHEER 2013). Der erschlankte Tierkörper hat für viel Gesprächsstoff gesorgt. Auch andere Kinderserien wie *Heidi* oder *Pumuckl* haben ihren Figuren in der Neuauflage einen veränderten Körper verpasst. Existiert im Kinderfernsehen ein Schlankheitskult? Die Frage nach Körperbildern, mit denen sich vor allem Kinder auseinandersetzen, ist keine neue. So ist die beliebte Spielzeugfigur *Barbie* immer wieder Gesprächsthema aufgrund ihrer unrealisierbaren Proportionen, welche sie lediglich durch operative Eingriffe erreichen würde und mit denen sie eigentlich nicht überleben könnte (HERCHE/GÖTZ 2008). Wespentaillen und Sanduhrfiguren sind damit schon im Kinderzimmer tägliche Begleiter Heranwachsender.

Wir wollten wissen, ob und wie viele Wespentaillen und Sanduhrfiguren wir im aktuellen Kinderfernsehen vorfinden. In unserer Studie wurde mithilfe der Waist-to-Hip- und Waist-to-Shoulder-Ratio das aktuelle Körperbild gezeichneter beziehungsweise animierter Figuren im Kinderfernsehen untersucht.

10.2 KÖRPERVERHÄLTNISSE MESSEN: WAIST-TO-HIP-RATIO UND WAIST-TO-SHOULDER-RATIO

Eine Studie von Maya Götz und Margit Herche aus dem Jahr 2007 zeigte erstmals anhand von international vermarkteten Zeichentrickfiguren auf, mit welchen Körperbildern sich Kinder auseinandersetzen müssen, wenn sie fernsehen (HERCHE/GÖTZ 2008). Mit deutlicher Mehrheit konnten dabei verzerrte weibliche Körper mit schmaler Wespentaille und kurvigem Körper konstatiert werden, die anatomisch nicht möglich wären. Diese extreme Form von sehr schmaler Taille bei breiterer Hüfte und großer Oberweite kann als Hypersexualisierung von Figuren bezeichnet werden und zeigte sich überproportional häufig bei weiblichen Figuren. Eine Hypersexualisierung bei männlichen Figuren würde sich durch übermäßig breite Schultern, einem muskulösen Oberkörper und einer schmalen Taille auszeichnen, einem V-Körper, wie ihn Bodybuilder haben. Bei männlichen Figuren fanden Herche und Götz kaum unerreichbare V-Körper. Wichtige Aussagen über dargestellte Körperbilder und -verhältnisse lieferte dabei unter anderem die Waist-to-Hip-Ratio (Taille-Hüft-Verhältnis; WHR). Die Verhältnisrechnung von Taille zu Hüfte wurde 1993 von dem US-amerikanischen Psychologen Devendra Singh entwickelt (SINGH 1993; D. SINGH/RENN/A. SINGH 2007). Die Waist-to-Hip-Ratio einer anatomisch »normalen« erwachsenen Frau liegt bei 0,8. Dafür wird der Umfang der Taille durch den Umfang der Hüfte geteilt. Da in der Regel die Taille schmaler ist als die Hüfte, liegen die Werte meistens unter 1. Durchschnittlich entwickelte Kinder vor der Pubertät haben einen geraden Körper und keine Taille, sodass sie eine Waist-to-Hip-Ratio von 1 haben. Weitere Kennzahlen zur Bestimmung von Körperverhältnissen sind die Waist-to-Shoulder-Ratio (WSR), die insbesondere bei männlichen Figuren zu den wichtigen Ratio-Rechnungen gehört. Sowohl WHR als auch WSR weisen bei einem normalgewichtigen Kind einen Wert von 1 auf. Nach der Pubertät kann der weibliche Körper maximal eine WHR von ca. 0,68 erreichen, die Grenze der WSR bei männlichen Figuren liegt bei 0,5 (GÖTZ/HERCHE 2013). Wenn diese Werte unterschritten werden, liegen verzerrte und damit unnatürliche Körperbilder vor. In der Studie von Götz und Herche (2013) wies über die Hälfte der weiblichen Zeichentrickfiguren eine WHR von unter 0,68 auf.

Wie steht es aktuell um die Körperbilder im deutschen Kinderfernsehen? Im Mittelpunkt standen dabei sowohl die Waist-to-Hip-Ratio als auch die Waist-to-Shoulder-Ratio.

ABBILDUNG 31
Wie man die Waist-to-Hip- und Waist-to-Shoulder-Ratio misst.

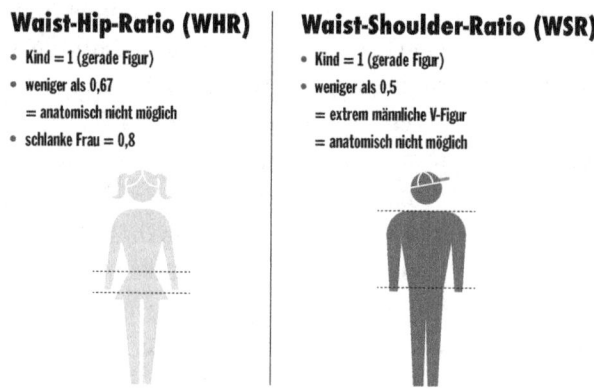

Für die Detailanalyse zu Körperdarstellungen wurden ausschließlich animierte beziehungsweise gezeichnete Hauptfiguren im fiktionalen Kinderfernsehen 2016 untersucht. Insgesamt flossen 327 Hauptfiguren in die Vermessung zur WHR und WSR ein. Die Stichprobe setzte sich dabei aus 47 Prozent (n = 153) weiblichen und 53 Prozent (n = 174) männlichen Hauptfiguren zusammen. Figuren anderen Geschlechts waren innerhalb dieser Messung nicht vertreten. Vermenschlichte Tier- oder Sachkörper (z. B. *Benjamin Blümchen* oder *SpongeBob Schwammkopf*), Fantasiefiguren mit menschlichem Charakter (z. B. *Gumball*) oder menschliche Körper, die durch eckige Bekleidung verdeckt wurden, wodurch Körperproportionen nicht mehr nachvollziehbar waren, wurden von vornherein ausgeschlossen. Pro gemessene Figur wurden insgesamt drei Körperlinien gezogen, um sowohl die WHR als auch die WSR bestimmen und somit Körperverhältnisse nachzeichnen zu können (s. Abb. 31).

10.3 SEXUALISIERTE MÄDCHEN- UND FRAUENKÖRPER IM KINDERFERNSEHEN

Die Analyse des deutschen Kinderfernsehens zeigt, dass im deutschen Kinderfernsehen animierte oder gezeichnete weibliche Figuren auch im Jahr 2016 überwiegend mit sexualisierten Körpern sichtbar werden. Dabei werden bei 50 Prozent der weiblichen Hauptfiguren eine WHR von unter 0,68 gemessen, womit die Figuren nicht länger im anatomisch möglichen Bereich liegen (s. Abb. 32). Extreme Körperbilder zeigten sich zum Beispiel bei der Figur Marina aus der SUPER RTL-Serie *Zig & Sharko*, die mit einer WHR von 0,2 den niedrigsten gemessenen Wert in dieser Kategorie aufweist. Weitere 17 Prozent liegen im extrem dünnen Supermodelbereich, anatomisch theoretisch zwar möglich, aber für die meisten Menschen unerreichbar. Das bedeutet, dass zwei Drittel der weiblichen Figuren im animierten Kinderfernsehen im unnatürlich/unerreichbar dünnen Bereich liegen und nur 33 Prozent im gesunden normalen Bereich.

Kinderkörper mit gerader Statur und einem Wert von 1, der sowohl alters- als auch entwicklungsgerecht wäre, traten nur zu 20 Prozent der Fälle auf. Dicke oder mollige Mädchenfiguren gab es nicht, da der Wert von 1 nie überschritten wurde. Besonders interessant waren wiederum Figurentransformationen bedingt durch Neuauflagen. So wies die Titelheldin Dora aus der gleichnamigen Kinderfernsehserie *Dora the Explorer* (NICKELODEON) in der Untersuchung von Maya Götz und Margit Herche (2013) noch eine WHR von 1,3 auf, während sie innerhalb unserer Untersuchung mit einem Wert von 0,94 zwar immer noch im normalen Figurenbereich lag, aber deutlich verschlankt wurde.

ABBILDUNG 32
Weibliche Körper im Kinderfernsehen

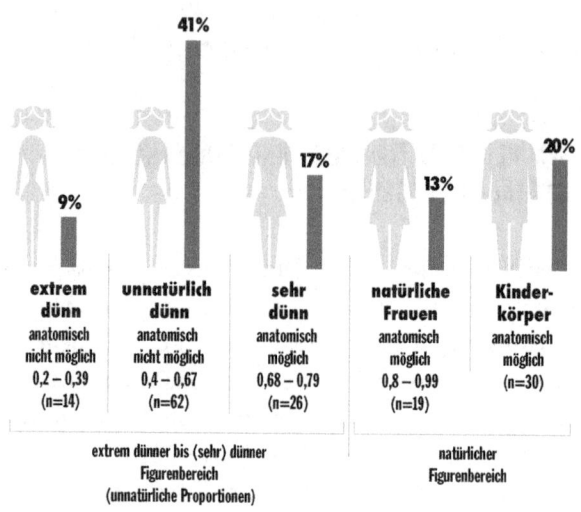

Während Dora somit in der vorangegangenen Untersuchung einen Kinderkörper mit Tendenz zum leichten Übergewicht aufwies, behält sie in der neuen Version zwar ihren Kinderkörper bei, entspricht nun allerdings einem schlanken Mädchen vor der Pubertät. Übergewichtige und runde Körper sind damit im untersuchten Material für weibliche Hauptfiguren nicht vorhanden, was die präsentierte Figurenvielfalt einschränkt.

Um Körperformen und Silhouetten besser nachverfolgen zu können, wurde auch die Waist-to-Shoulder-Ratio für weibliche Hauptfiguren gemessen. Dabei konnten ähnliche Verhältnisse ausgemacht werden. So zeigt mit 51 Prozent mehr als die Hälfte aller gemessenen Figuren einen Wert von weniger als 0,8 auf. Hier liegt der Wert für eine gesunde schlanke Frau zwischen 0,69 und 0,80, der eines Kinderkörpers vor der Pubertät wieder bei 1,0. Besonders die Figur Emma aus der kanadischen Serie *Stoked* (KIKA) sticht dabei mit 0,28 hervor und zeigt den niedrigsten Wert auf. Dagegen können drei weibliche Figuren in der

Serie *Willkommen bei den Louds* (NICKELODEON) eine maximale WSR von 2 aufweisen (Figuren: Lynn, Luan, Luna). Kombiniert man Waist-to-Hip- und Waist-to-Shoulder-Ratio bei den Frauen, so zeigt sich, dass weibliche Figuren im Kinderfernsehen deutliche Tendenzen zu schmalen Taillen und extremen Sanduhrfiguren haben, die größtenteils jenseits anatomischer Möglichkeiten liegen und somit verzerrte Realitäten von Körperbildern vermitteln (s. Abb. 32).

10.4 VIELFALT AN MÄNNLICHEN KÖRPERN

ABBILDUNG 33
Männliche Körper im Kinderfernsehen

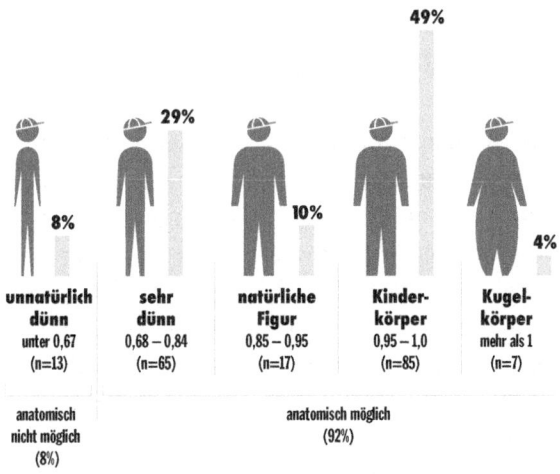

Männliche Hauptfiguren waren im Gegensatz zu weiblichen Hauptfiguren bezüglich ihres Körperbildes vielfältiger angelegt. Es kann für männliche Figuren zu zwei Dritteln (63%) eine Waist-to-Hip-Ratio von mehr als 0,85 ausgemacht werden, wodurch sie im Gegensatz zu weiblichen Hauptfiguren überwiegend realistisch mit geradem Körper dargestellt werden. Damit entspricht die Mehrheit der dargestellten Jungen und Männer einer natürlichen Kinderfigur. Auch in ihren extremen

Positionen sind die männlichen Figuren deutlich variabler angelegt: Die Figur Obelix weist mit einer WHR von 1,38 den höchsten Wert auf. Zwar gibt es auch bei den Männerfiguren die unnatürlich dünnen Figuren. So hat ein Drittel einen Wert unter 0,8, aber im anatomisch nicht mehr machbaren Bereich liegen nur acht Prozent der männlichen Figuren.

Somit zeigt das Kinderfernsehen sowohl sehr schlanke als auch übergewichtige männliche Figuren: Das Repertoire an Körperformen ist im Gegensatz zu den weiblichen Hauptfiguren deutlich vielfältiger. Damit zeigen männliche Figuren mit nahezu zwei Drittel aller gemessenen Hauptfiguren ein realistisches Abbild, während es für Mädchen und Frauen genau umgekehrt ist: Sie haben zu zwei Drittel unnatürlich dünne bzw. unerreichbare Körperformen.

10.5 SEXUALISIERTE MÄNNERKÖRPER?

Bei Männerfiguren kommen auch sexualisierte Körperdarstellungen vor. Diese zeichnen sich jedoch nicht durch eine Sanduhrfigur – wie bei den Mädchen – sondern durch eine V-Figur aus. So konnte durch die Waist-to-Shoulder-Ratio herausgefunden werden, dass deutliche Körperausprägungen wie breite Schultern und muskulöse Oberkörper bei 22 Prozent der untersuchten Figuren auftreten. Diese Hypersexualisierung der männlichen Körper liegt, wie bereits erwähnt, bei einer WSR von weniger als ca. 0,5 vor und ist auf natürlichem Weg nicht erreichbar. Im Sample ist dies bei zehn Figuren der Fall. Im Bereich des anatomisch möglichen, sehr muskulöser WSR von 0,75 bis 0,85 können 13 Prozent der untersuchten Hauptfiguren eingeordnet werden. Die Mehrheit der männlichen Figuren weist dagegen kaum extreme Schulterausprägungen auf. 64 Prozent haben eine WSR von mehr als 0,85. Die extremste Schulterausprägung zeigt sich in der kanadischen Serie *Stoked* bei der Figur Reef. Er besitzt eine WSR von 0,33, welche jenseits anatomischer Möglichkeiten liegt. Der höchste Wert dagegen kann der Figur Sanjay aus der Serie *Sanjay & Craig* (NICKELODEON) mit einer WSR von 3 zugeordnet werden.

10.6 UNNATÜRLICHE WEIBLICHKEIT – NATÜRLICHE MÄNNLICHKEIT

Animierte und gezeichnete weibliche Figuren im deutschen Kinderfernsehen werden überwiegend mit sexualisierten Körpern, symbolisiert durch die extreme Sanduhrfigur, dargestellt, wohingegen männliche Körper weitaus natürlicher aussehen und auch in fülligeren Formen sichtbar werden. Die Hypersexualisierung der weiblichen Körper zeigte sich vor allem bei der Messung der WHR. Der Trend zur schmalen Wespentaille, wie die klassische Barbie ihn vorlebt, wird sogar von nahezu der Hälfte aller gemessenen Figuren übertroffen. Die sichtbaren weiblichen Körper sind zu zwei Drittel extrem und unnatürlich dünn. 50 Prozent der gemessenen weiblichen Körper sind sogar in einem anatomisch nicht möglichen Bereich. Auch männliche Figuren sind in ihrem Körperbild mit einem idealtypischen V-Körper anzutreffen. Allerdings liegen Körperabbildungen mit 75 Prozent überwiegend im realistischen und nur sechs Prozent im anatomisch unmöglichen Bereich. Zudem zeigen sie die breitesten Körpervarianten auf – von sehr schmal und lang über (sehr) muskulös bis hin zu sogar übergewichtig. Männliche Körperformen sind im animierten Kinderfernsehen auffallend vielfältig und zeichnen sich durch ihre überwiegend realistische Darstellung aus. (Die Ergebnisse zum Kinderfernsehen wurden größtenteils schon veröffentlicht in PROMMER/LINKE/STÜWE 2017 und LINKE/STÜWE/EISENBEIS 2017.)

ABBILDUNG 34

Weibliche und männliche Körperdarstellungen im Vergleich

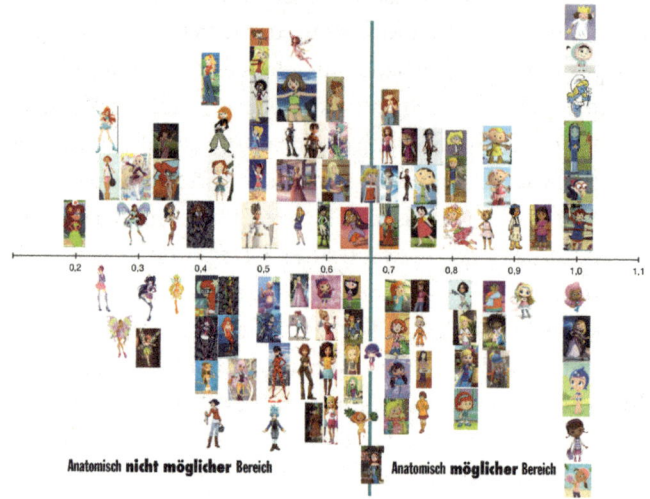

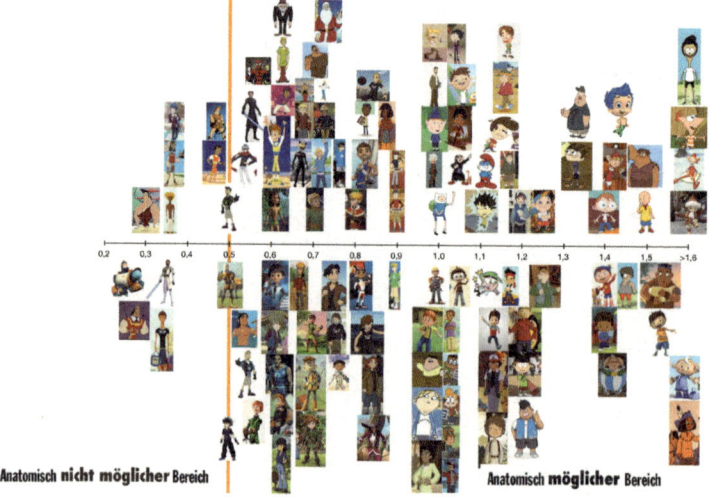

11. WER MACHT UNSER FERNSEHEN UND KINO?

11.1 FORSCHUNG ZUR FILM- UND FERNSEHINDUSTRIE

Vor dem Hintergrund der in den vorangegangenen Kapiteln beschriebenen Ergebnisse der Studie *Ausgeblendet*, stellt sich die Frage, wie die Bilder, die wir im Fernsehen oder Kino sehen, entstehen: Wer sind die verantwortlichen MedienmacherInnen? Was bedeutet dies für die Sichtbarkeit von Frauen und Männern auf den Bildschirmen und Leinwänden? Gibt es einen »Mechanismus des Ausblendens« oder wie lässt sich die ungleiche Darstellung der Geschlechter erklären? Spielt es eine Rolle, ob eine Frau das Drehbuch geschrieben hat oder ein Mann? Hat das Geschlecht der kreativen »Above-the-Line«-Funktionen – also der Funktionen, die im Vorspann einer Sendung oder eines Filmes genannt werden – einen Einfluss auf die Sichtbarkeit der Geschlechter? Auch diese Frage haben wir in unserer Studie zur audiovisuellen Diversität untersucht.

Am Rostocker Institut für Medienforschung sind seit 2014 zahlreiche Studien betreut oder mitverantwortet worden, die sich genau diesen Fragen widmeten. So untersuchten Prommer und Loist, ob das Geschlecht der FilmemacherInnen eine Auswirkung auf die künstlerische Qualität und kommerziellen Erfolg hat (ausführlich in PROMMER/LOIST 2019). Betrachtet haben wir hierfür die Positionen Regie, Drehbuch, Produktion und Kamera für Kinofilme der Jahre 2009 bis 2013.

Die Rostocker Wissenschaftlerinnen Skadi Loist und Elizabeth Prommer bildeten das deutsche Forschungsteam in der europaweiten Studie der Vereinigung der European Women's Audiovisual Network (AYLETT 2016), die der Frage nach ging »Where are the female directors in Europe?« und in einem Vergleich von sieben Ländern den Anteil an Regisseurinnen und die Verteilung von staatlichen Fördermitteln untersuchte. Die Expertise für dieses Forschungsfeld führte zu einer Beteiligung von Elizabeth Prommer an der großangelegten Studie der Filmförderungsanstalt FFA *Film und Gender* (HOCHFELD et al. 2017) und der entsprechenden Studie für das öffentlich-rechtliche Fernsehen *Fernsehen und Gender* (PROMMER et al. 2017), die insgesamt neun kreative Leitungspositionen (von Regie bis zu Kostüm) und deren Verteilung nach Geschlecht untersuchten. Hier wurden zusätzlich zu den Auszählungen der Stabsstellen auch qualitative und quantitative Befragungen durchgeführt, um die Ergebnisse erklären zu können. Das Rostocker Institut für Medienforschung war in beiden Studien verantwortlich für die Datenerfassung und die statistische Auswertung sowie die quantitative Befragung. Das Berliner Fraunhofer Center for Responsible Research and Innovation (CeRRI) erstellte die qualitativen Brancheninterviews.

Mit der Unterrepräsentanz von Frauen in der Kino- und Fernsehregie beschäftigen sich seit 2014 die jährlichen Diversitätsberichte des Bundesverbands Regie. Seit 2017 wird der Diversitätsbericht ebenfalls vom Rostocker Institut für Medienforschung betreut. Auch wenn sich die jeweiligen Studien teilweise auf unterschiedliche Jahre beziehen und unterschiedliche Genres im Fokus haben, so haben alle ein Ergebnis gemeinsam: In fast allen kreativen Bereichen der Film- und Fernsehindustrie sind Frauen unterrepräsentiert.

Das Thema ist nicht neu. Schon in den 1970er-Jahren wurde auf die geringe Beteiligung von Frauen in der Filmbranche aufmerksam gemacht (vgl. HANNEMANN 2016: 8). Es scheint, als habe sich in den letzten Jahren wenig geändert und als haben sich Berufsrollen und Karrieremöglichkeiten der Beteiligten kaum verändert. Verfügbare Absolventenzahlen von Filmhochschulen legen dabei nahe, dass ein größeres Potenzial weiblicher Filmschaffender vorhanden ist, aber nicht zum Zuge kommt.

Das folgende Unterkapitel beschäftigt sich mit den Geschlechterstrukturen in der Film- und Fernsehindustrie. Wer macht unser Fernsehen und unser Kino und welche Effekte hat dies? Wie lässt sich die Unterrepräsentanz von Frauen gegenüber Männern in der Industrie erklären? Zunächst stellen wir die Daten der verschiedenen Studien über die Film-und Fernsehindustrie vor, um dann den Zusammenhang zwischen der Geschlechterverteilung der kreativen Funktionen und der Sichtbarkeit von Frauen und Männern deutlich zu machen. Im Anschluss daran ziehen wir die Ergebnisse aus der qualitativen Forschung zu deren Begründung und Einordnung heran.

11.2 EINE UNGLEICHE INDUSTRIE

Für die FFA-Analyse *Gender und Film* (HOCHFELD et al. 2017) wurde eine Vollerhebung aller in den Jahren 2011 bis 2015 im Kino uraufgeführten programmfüllenden deutschen Spiel- und Dokumentarfilme nach Geschlecht der kreativen Leitungspositionen Regie, Drehbuch, Produktion, Kamera, Ton, Schnitt, Szenografie und Kostüm durchgeführt. In der Summe waren es 1.110 Kinofilme, davon 721 fiktionale Filme (Spiel-, Kinder- und Animationsfilme) sowie 389 Dokumentarfilme. Für die ARD-ZDF-Studie *Gender und Fernsehen* (PROMMER et al. 2017) wurde das Gleiche durchgeführt.

Die Auswertung für Kino zeigt: In fast allen kreativen Positionen sind Frauen unterrepräsentiert. Dies gilt sowohl für Dokumentar- als auch für Spielfilme. Lediglich im Bereich Kostüm arbeiten überwiegend Frauen (80%). Die Filme wurden zu 72 Prozent ausschließlich von Männern inszeniert. Im Bereich der Produktion waren an 42 Prozent der Filme Frauen beteiligt. Wenn man die geschlechtlich gemischten Teams außen vor lässt, waren es aber nur 14 Prozent der Filme, die ausschließlich von Frauen produziert wurden. 61 Prozent der Drehbücher wurden von Männern (allein oder im männlichen Team) verfasst und nur 23 Prozent ausschließlich von Frauen. Ausgewogen ist der Bereich Szenografie: Hier sind an 51 Prozent der Filme Frauen beteiligt. In den Bereichen Ton und Kamera sind in über 90 Prozent der Fälle nur Männer an den Filmen beteiligt. Dies sind aber auch die Studiengänge mit den geringsten Frauenanteilen.

Betrachten wir ausschließlich die fiktionalen Spielfilme, dann verschärft sich die Unterrepräsentanz von Frauen: So sind nur 20 Prozent der Filme von Frauen inszeniert, 9 Prozent von Frauen produziert und nur 17 Prozent der Drehbücher von Frauen allein verfasst. Auffällig ist der Bereich Schnitt/Montage – eigentlich bis zu den 1990er-Jahren ein frauenaffiner Beruf. Mit einem Frauenanteil unter den Alumni von 80 Prozent ist dies ein Bereich, der überwiegend von Frauen studiert wurde. Aktuell werden jedoch nur 29 Prozent der Spielfilme von Frauen geschnitten.

Diese Unterrepräsentanz von Frauen in der Kinoindustrie findet sich auch beim Fernsehen. Für die Untersuchung der Geschlechterverteilung von Fernsehschaffenden in kreativen Schlüsselpositionen im öffentlich-rechtlichen Fernsehen wurden 1.397 fiktionale Fernsehproduktionen aus den Jahren 2011 bis 2015 untersucht. Analysiert wurden dabei alle in dem Zeitraum ausgestrahlten Fernsehfilme, Fernsehspiele, fiktionalen Reihen und Serien von ARD-DAS ERSTE, den öffentlich-rechtlichen Dritten Sendern und vom ZDF (vgl. für die folgenden Ergebnisse PROMMER et al. 2017).

Die Unterrepräsentanz von Frauen in den kreativen Funktionen des Fernsehens ist teilweise noch stärker als im Kinobereich. So werden nur 14 Prozent der fiktionalen Fernsehprogramme von Frauen inszeniert. Diese Größenordnung bestätigen auch die Zahlen der BVR-Diversitätsberichte. Zwar weisen die Diversitätsberichte (BVR 2015-2017) einen langsamen Anstieg an Regisseurinnen nach: bei der ARD von 12,8 Prozent im Jahre 2014 auf aktuell 19,3 Prozent im Jahr 2016 und beim ZDF von 9,4 Prozent auf 11,9 Prozent. Aber das Wachstum verläuft sehr langsam.

Auch im Fernsehen übernehmen also mehrheitlich Männer die Leitungsfunktionen kreativer Schlüsselpositionen. Die Ausnahme bilden die Bereiche Kostüm und Schnitt. Dort waren im Fernsehen mehr Frauen aktiv. In den Bereichen Produktion und Szenografie sind Frauen annähernd ausgeglichen vertreten.

In Europa gibt es ebenfalls eine Unterrepräsentation von Regisseurinnen. Obwohl Frauen 42 Prozent der Filmhochschul-Alumna ausmachen, werden europaweit 78 Prozent der Filme von Männern inszeniert. Das heißt, nur jeder fünfte Film stammt von einer Regisseurin. Ein großer Anteil der Filmförderung der jeweiligen Länder geht ausschließlich an Männer (84%). Die aktuellste Auszählung für die Position der Regie weist für die USA einen Anteil von sieben Prozent an weiblichen Regisseurinnen für das Jahr 2017 aus (SMITH/CHOUEITI/PIEPER 2018: 2). Im Vergleich zu anderen europäischen Ländern ist der Anteil an Regisseurinnen ähnlich niedrig. Insgesamt variiert ihr Anteil in den erfassten europäischen Ländern um die 20 bis 25 Prozent, also ist ca. jeder vierte Film von einer Frau inszeniert worden (AYLETT 2016). Den niedrigsten Wert weist Österreich mit 18 Prozent auf, den höchsten Wert Schweden mit 36 Prozent. Begründet liegt der hohe Anteil an weiblicher Regie hier an einer klaren Frauenförderstrategie der Direktorin des Schwedischen Filminstituts Anna Serner. Sie verfolgt seit 2011 konkrete Frauenförderpläne und hat so den Anteil an weiblicher Regie in Schweden im Jahr 2014 auf 50 Prozent erhöht (SWEDISH FILM INSTITUTE 2015).

Im europaweiten Vergleich nehmen Filme von Regisseurinnen häufiger an nationalen und internationalen Festivals teil und gewinnen in Relation mehr Filmpreise. Da es zahlenmäßig viel weniger Filme von Frauen gibt, sind sie aber trotzdem bei den A-Festivals unterrepräsentiert (HANNEMANN 2016).

11.3 DAS POTENZIAL AN WEIBLICHEN FILMSTUDIERENDEN

Für die Studie *Film und Gender* (HOCHFELD et al. 2017) wurden die Alumni aller relevanten Filmausbildungsstätten in Deutschland systematisch untersucht. Als relevant haben wir diejenigen Ausbildungsstätten definiert, die im internationalen Verband der Filmhochschulen CILECT aufgenommen wurden. Alle Ausbildungsinstitutionen (bis auf die Deutsche Film- und Fernsehakademie Berlin [DFFB], die keine Statistik führt) lieferten sowohl die aktuellen Studierendenzahlen als auch die Alumni nach Geschlecht für die letzten 5, 10, 15 und 20 Jahre. Es gibt also ein umfassendes Bild der schon potenziell im Markt verfügbaren und der zukünftig verfügbaren Arbeitskräfte.

Insgesamt verlassen jährlich ca. 250 Absolventinnen und Absolventen die Filmausbildungsinstitutionen, darunter 60 bis 70 Regie-Alumni. Je nach Studiengang variiert diese Zahl stark. So sind die Studierenden in den Bereichen Regie, Schnitt/Montage, Produktion und Drehbuch an fast allen Hochschulen knapp zur Hälfte Frauen. Szenografie wird überwiegend von Frauen studiert, während im Bereich Ton oder Sound-Design ca. 90 Prozent und im Bereich Kamera drei Viertel der Studierenden männlich sind. Fasst man alle Studiengänge zusammen, sind derzeit insgesamt ca. 40 Prozent der Studierenden über alle Fächer hinweg an den Filmhochschulen weiblich und folglich ca. 60 Prozent männlich.

Die Alumni-Untersuchungen deutscher Filmhochschulen zeigen also deutlich, dass je nach Studiengang seit Jahren fast die Hälfte der Alumni weiblich ist (s. Abb. 36). Für den Bereich Regie gibt es seit Ende der 1990er-Jahre 44 Prozent weibliche Alumni, für Produktion ca. 40 bis 45 Prozent Frauen, in den Studiengängen Schnitt, Drehbuch und Szenografie ist der Frauenanteil teilweise noch höher. Unterrepräsentiert sind Frauen lediglich in den Studiengängen Kamera und Ton. Dies bestätigen auch ältere AbsolventInnen-Untersuchungen deutscher Filmhochschulen wie Jenke (2013) für die HFF-Potsdam, jetzt Filmuniversität Babelsberg, und Slansky (2011) für die HFF-München. Nach Slansky beträgt der Frauenanteil für die HFF-München 48 Prozent. Für die HFF-Potsdam gilt nach Jenke eine sehr ungleiche Verteilung nach Studiengängen. Während es in der Montage überwiegend Absolventinnen gibt, sind in den Fächern Kamera und Ton weniger bis kaum Frauen vertreten. Auch in Regie und Produktion besteht ein Überhang zu Gunsten der Männer im Verhältnis 60 zu 40.

Der Vergleich des Potenzials von Frauen, also die Anzahl der Absolventinnen von Filmhochschulen vor 15 bis 20 Jahren und der tatsächlich in den jeweiligen Positionen im Kinobereich und Fernsehbereich tätigen Frauen, zeigt deutliche Unterschiede auf (s. Abb. 35). In den Kinobereichen Regie, Drehbuch und Szenografie arbeitet nur die Hälfte der Frauen, die es potenziell könnten, in der Produktion ist es ein Viertel. Lediglich im Bereich Ton stimmt das Potenzial mit den im Markt tätigen Frauen überein. Auffällig sind die Differenzen im Bereich Schnitt/

Montage. Dieser wurde vor 15 bis 20 Jahren überwiegend von Frauen studiert – aktuell werden jedoch nur ein Fünftel aller Filme von Frauen geschnitten und montiert. Somit kommt nur ein Viertel des Potenzials zum Zuge. Der Blick ins Fernsehen verschärft die Lage für die Regie, hier kommt nur ein Drittel der Absolventen unter.

ABBILDUNG 35
Vergleich der Filmschul-Alumni mit den im Markt tätigen Frauen (Kino und Fernsehen)

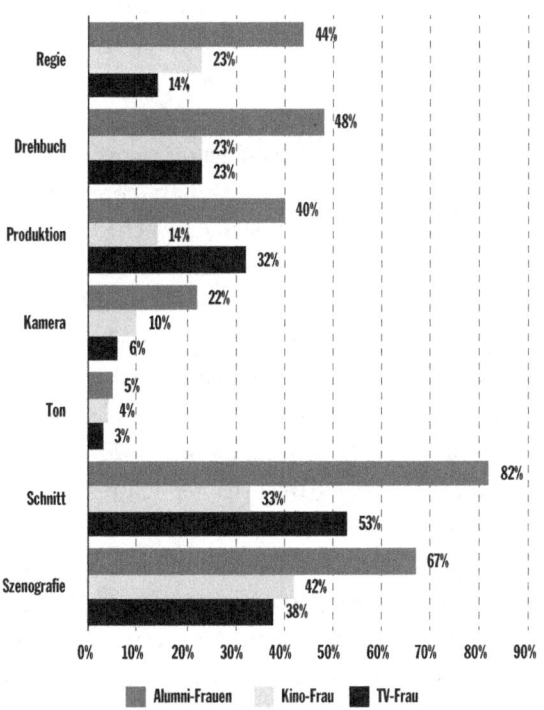

Quelle: eigene Darstellung aus Hochfeld et al. 2017: 28 und Prommer et al. 2017: 3

11.4 SPIELT DAS GESCHLECHT DER KREATIVEN POSITIONEN EINE ROLLE FÜR DIE QUALITÄT ODER DEN ERFOLG?

Eine häufig gestellte Frage ist die nach dem Einfluss von Geschlecht bei Regie, Drehbuch und Produktion auf die künstlerische oder kommerzielle Qualität eines Filmes. Spielt es eine Rolle, ob Kinofilme von einer Frau oder einem Mann inszeniert wurden? Der Frage nach dem Einfluss von Geschlecht gingen Prommer und Loist (2015) nach. Die folgenden Zahlen beziehen sich auf diese Studie. Untersucht wurden Unterschiede bezüglich der Höhe der Förderung, die Höhe des Budgets, aber auch Unterschiede in puncto Einspielergebnisse, Filmpreise und Festivalerfolge. Ziel war es, Kriterien für kommerzielle, aber auch künstlerische Erfolge zu finden.

Im Analysezeitraum der Jahre 2009 bis 2013 wurde jeder fünfte Kinospielfilm (22%) von einer Frau inszeniert. Betrachtet man die Projekte, die gefördert wurden, dann zeigen sich deutliche Ungerechtigkeiten. Regisseure erhielten deutlich mehr Geld für ihre Filme als Frauen. In der Summe bekamen von Frauen inszenierte Spielfilme nur ca. 65 Prozent der Fördersummen, die Männern zugesprochen wurden. Im Mittelwert erhält ein Film, den eine Frau inszeniert hat, ca. 660.000 Euro Filmförderung, ein Film von einem Mann über 1.000.000 Euro.

Dabei verteilen die Förderinstanzen ihre Gelder unterschiedlich. Der Deutsche Filmförderfonds (DFFF) ist der männerfreundlichste Fördertopf. Diese quasi-automatische Förderung nach Filmbudgethöhe benachteiligt Frauen deutlich. Sie bekommen in etwa die Hälfte der Mittel pro Produktion. Hingegen weist die Höhe der Förderung bei der Filmförderungsanstalt FFA und dem BKM (Beauftragte der Bundesregierung für Kultur und Medien) keine sehr großen Unterschiede auf. Wobei auch hier der größte Anteil der Fördersummen an Projekte mit männlicher Regie geht. Nur 20 Prozent der gesamten FFA-Mittel und ca. 28 Prozent von den BKM-Mittel gehen an Regisseurinnen.

KOMMERZIELLE ERFOLGE

Regisseurinnen steht insgesamt auch ein geringeres Gesamtbudget zur Verfügung. Diese Tatsache lässt Verleiher offensichtlich von einem geringeren kommerziellen Potenzial ausgehen, so dass Filme von Regisseurinnen mit einer geringeren Kopienzahl starten. Die Anzahl von (digitalen) Filmkopien steht stellvertretend für den Marketingaufwand, den ein Verleiher für einen Film betreibt. Startet ein Film nur in wenigen Kinos, so sind weniger ZuschauerInnen fast zwangsläufig. Die Folge sind dann geringere Einspielergebnisse. Im Mittelwert haben von Männern inszenierte Filme ungefähr doppelt so viele BesucherInnen wie Filme von Frauen. Der doppelte Umsatz an der Kinokasse liegt aber vor allem an einigen wenigen sehr erfolgreichen Ausreißerfilmen wie *Der Medicus*, *Fack ju Göthe*, *Männerherzen* und *Kokowääh*. Betrachtet man als erfolgreiche Filme diejenigen, die mehr als eine Millionen Besucher hatten, so sind das in den betrachteten fünf Jahren (2009-2013) nur 35 Filme. Von diesen führte nur in zwei Fällen eine Frau allein Regie: *Almanya – Willkommen in Deutschland* von Yasemin Samdereli (2011) und *Wüstenblume* von Sherry Hormann (2009). Keine einzige Frau führte in diesen Jahren Regie bei einem Film, der mehr als zehn Millionen Euro einspielte.

Es zeigt sich, dass vor allem die 35 Filme mit über einer Million BesucherInnen für die gravierenden Unterschiede beim Einspiel- und der Besucheranzahl nach Geschlecht verantwortlich sind. Sie führen zu einer Verzerrung der Unterschiede: Nimmt man diese Filme, die lediglich fünf Prozent aller Filme ausmachen, bei der Durchschnittsberechnung heraus, so unterscheiden sich Filme, die von Frauen oder von Männern inszeniert wurden, nur geringfügig bei den absoluten BesucherInnenzahlen.

Wenn eine Frau Regie führt oder produziert, geht sie außerdem effizienter mit ihren Fördermitteln um. Wie Prommer (2018) nachwies, braucht ein Mann in der jeweiligen Position mehr als das Dreifache der Fördermittel, um eine/n BesucherIn ins Kino zu locken. Fasst man die Fördersummen des DFFF und der FFA zusammen, so wird die verkaufte Kinokarte eines männlichen Regisseurs mit fast 41 Euro subventioniert, die einer Regisseurin mit 13 Euro. Auch Produzentinnen benötigen weniger Filmförderung, um eine/n KinobesucherIn zu generieren (17 Euro bei einer Produzentin vs. 42 Euro bei einem Produzenten) (vgl. PROMMER 2018: 4).

KÜNSTLERISCHE QUALITÄT UND GENDER

Definiert man Erfolg als künstlerischen Erfolg, dann müssen Nominierungen, erhaltene Filmpreise und die Teilnahme an Filmfestivals berücksichtig werden. Hier zeigt sich, dass Filme von Frauen häufiger Filmpreise gewinnen. Im Gegensatz zum größeren kommerziellen Erfolg von Filmen, die von Männern realisiert wurden, sind Filme von Frauen somit bei der Kritik und bei Jurys angesehener. Dies ist ein Indiz dafür, dass Filme von Frauen offensichtlich eine hohe Qualität aufweisen. 58 Prozent der von Frauen inszenierten Filme bekamen in den Jahren 2009 bis 2013 einen Filmpreis oder wurden für einen Filmpreis nominiert – dies war im Vergleich dazu nur bei 46 Prozent der von Männern inszenierten Filme der Fall (vgl. PROMMER/LOIST 2015). Insgesamt werden über drei Viertel der Filme von Regisseurinnen (79%) auf Festivals gezeigt (Männer: 65%). Während der Film einer Regisseurin durchschnittlich auf 3,3 Festivals gezeigt wird, kommen die Filme der Regisseure nur auf 2,7 Festivals. Bei Filmen von Frauen ist eine größere Vielfalt an Festivals und eine größere Internationalität zu verzeichnen. Bedenkt man insgesamt die Unterrepräsentanz von Frauen in der Filmproduktion und die in der Regel schlechtere finanzielle Ausstattung, so sind die zahlreichen Preise und die starke Präsenz auf Festivals für die Regisseurinnen ein bemerkenswerter Erfolg.

11.5 DIVERSITÄT HINTER DER KAMERA?

Die Studie *Ausgeblendet* analysierte 310 fiktionale, in Deutschland produzierte Fernsehprogramme und über 880 Kinofilme sowie ihre jeweiligen Produktionskontexte. Neben der Sichtbarkeit von Frauen und Männern haben wir auch die kreativen Leitungsfunktionen bei den Fernseh- und Kinoproduktionen untersucht.

Für das Fernsehen haben wir bei allen fiktionalen Programmen entweder die im Abspann genannten oder auf Branchenverzeichnissen (z.B. crew-united.de) aufgeführten Personen für Redaktion, Regie, Drehbuch, Produktion und Kamera codiert. Erhoben wurde das Geschlecht, aber auch, ob im Team gearbeitet wurde und wie sich die Teams zusammensetzten. Das Gleiche haben wir für die Kinofilme der Jahre 2011 bis 2016 unternommen, jedoch ohne die Funktion der Redaktion. Für die Jahre 2011 bis 2013 lagen die Codierungen durch die Vorgänger-Studie (PROMMER/LOIST 2015) bereits vor, die Jahre 2012 bis 2016 haben wir zusätzlich erhoben.

Die Analyse der Geschlechterverteilung der kreativen Funktionen hinter der Kamera zeigt, wie bereits erwähnt, für das Fernsehjahr 2016 und die Kinojahre 2011 bis 2015 deutliche Unterrepräsentanzen von Frauen. Von einer Diversität hinter der Kamera kann nicht gesprochen werden. Im Fernsehbereich führte bei etwas mehr als jeder zehnten fiktionalen Sendung (12%) eine Frau Regie, in weiteren acht Prozent der Fälle war sie Teil eines gemischten Teams, was bei Soap-Operas häufiger vorkommt. Andersherum bedeutet es aber, dass in 80 Prozent der Fälle keine Frau in der Regie beteiligt war.

So betrachtet, waren an fast zwei Drittel der Drehbücher (62%) keine Frauen beteiligt und keine Frau im Bereich Kamera (93%). Ausgewogener ist das Verhältnis in der Produktion, dort sind an knapp der Hälfte der Filme Frauen beteiligt (48%) und in den Fernsehredaktionen überwiegen Frauen sogar. An drei Viertel der Projekte sind Frauen als Redakteurin beteiligt (73%) und Männer nur zu 53 Prozent. Durch die gemischtgeschlechtlichen Teams (26%) gibt es hier Überschneidungen (s. Abb. 36).

Im Kinobereich sind Frauen ebenfalls unterrepräsentiert. Bei den kreativen Positionen und Gewerken dominieren meist Männer. Bei drei Viertel der Kinofilme (77%) ist die Regie männlich. Das bleibt über alle Jahre konstant. Bei zwei Drittel der Drehbücher ist keine Frau beteiligt. Auch im deutschen Kino liegt die Kamera fest in männlicher Hand und zwar in neun von zehn Filmen. Der Bereich der Produktion ist auch im Kinobereich ausgeglichener. Immerhin an 43 Prozent der Produktionen sind Frauen beteiligt. Aber der Anteil der Frauen, die allein oder in einem rein weiblichen Team produzieren, liegt lediglich bei zwölf Prozent, demgegenüber gibt es 57 Prozent, also fast fünfmal so viele rein männliche Produktionen.

ABBILDUNG 36

Geschlechterverteilung der kreativen Funktionen beim fiktionalen Fernsehen

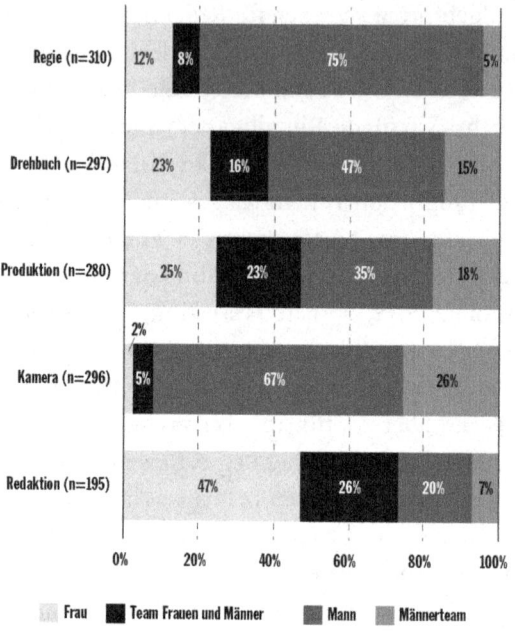

Fiktionale Programme mit deutscher Produktionsbeteiligung 2016. Bezogen auf Sendungen aller Sender. Abweichungen von 100% sind rundungsbedingt. Bei abweichenden Fallzahlen in einigen Positionen konnte die Leitungsfunktion nicht ermittelt werden.

Dabei ist das Geschlecht der ProduzentInnen ein zentraler Aspekt für die Besetzung anderer kreativer Positionen. Handelt es sich um eine Produzentin, so wird die Regie mehr als doppelt so häufig mit einer Frau besetzt als bei einem männlichen Produzenten. Konkret arbeitet eine Produzentin zu 38 Prozent und ein Produzent zu 15 Prozent mit einer Regisseurin zusammen. Produzentinnen verfilmen 2,5-mal so häufig das Buch einer Frau (34% vs. 14%).

Besonders auffällig ist der Zusammenhang zwischen Regie und Drehbuch. Eine Frau, die einen Film inszeniert, wählt zu 91 Prozent ein Drehbuch, an dem eine Frau beteiligt war. Drei Viertel der Bücher einer Regisseurin werden von einer Frau/Frauenteam ohne männliche Beteiligung geschrieben. Ein Regisseur wählt nur zu sieben Prozent das

Buch einer Frau und zu 14 Prozent das Buch eines gemischten Teams, das heißt, hier sind an 79 Prozent der Bücher keine Frauen beteiligt. Eine Regisseurin arbeitet doppelt so häufig mit einer Kamerafrau. Es scheint sie also doch zu geben, wenn sie gesucht werden.

In den Jahren 2011 bis 2016 gab es in einem Drittel der Fälle männliche Teams, bei denen sowohl Regie, Produktion, Drehbuch und Kamera in rein männlicher Hand waren. Umgekehrt war in drei Prozent der Filme kein Mann in diesen Positionen beteiligt.

ABBILDUNG 37
Geschlechterverteilung der kreativen Funktionen beim Kinofilm (alle Filme 2011 - 2016 [N=883])

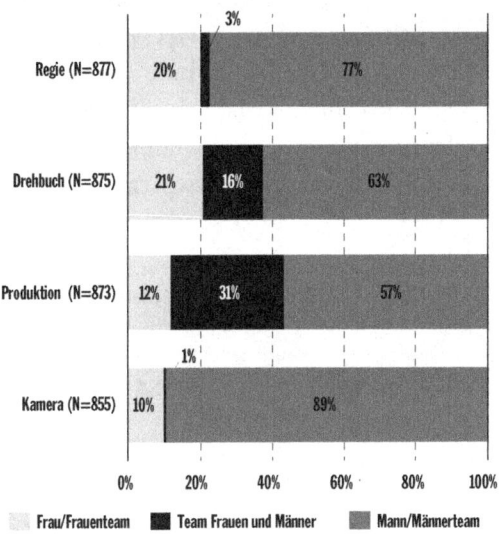

Kreative Positionen nach Geschlecht für fiktionale Filme mit deutscher Beteiligung im Kino (2011 - 2016) (Angaben in Prozent). Abweichungen von 100% sind rundungsbedingt. Bei abweichenden Fallzahlen der anderen Positionen konnte die Leitungsfunktion nicht ermittelt werden.

Auch für das Jahr 2016, das von der Filmkritik wegen des Erfolgs von Maren Ades *Toni Erdmann*, der viel beachteten Regiearbeit von Maria Schrader (*Vor der Morgenröte*) und Nicolette Krebitz' außergewöhnlichem Film *Wild* häufig als das »Jahr der Regisseurinnen« bezeichnet wird, zeigen unsere Daten keine Abweichung vom Gesamtdurchschnitt. Ebenso gibt es für die Bereiche Drehbuch (68% ausschließlich von Männern verfasst) und Produktion (58% ausschließlich von Männern produziert) keine Veränderungen zu anderen Jahren (vgl. PROMMER 2018).

Die Ergebnisse zeigen deutlich, dass die Fernseh- und Filmindustrie Bereiche mit stark asymmetrischen Zugängen sind. Frauen sind deutlich seltener vertreten als Männer.

11.6 WECHSELSPIEL ZWISCHEN GESCHLECHT DER KREATIVPOSITIONEN UND SICHTBARKEIT VON FRAUEN

Betrachten wir das deutsche fiktionale Fernsehen, also Fernsehserien, Fernsehfilme und Soap-Operas, so zeigt sich, dass eine allein verantwortliche Redakteurin fast dreimal so viele Frauen sichtbar werden lässt wie ein Mann. Bei einer Redakteurin sehen wir durchschnittlich 1,6 Protagonistinnen, bei einem Redakteur nur 0,6. Schreibt eine Frau das Drehbuch oder produziert sie eine Sendung, dann sehen wir ebenfalls deutlich mehr Frauen auf dem Bildschirm.

ABBILDUNG 38

Fernsehen: Durchschnittliche Anzahl der Protagonistinnen je nach Geschlecht der kreativen Funktion

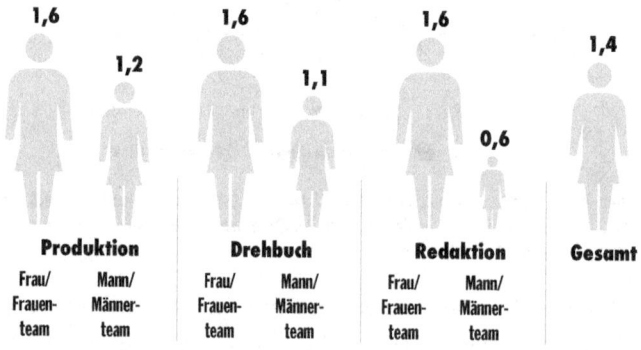

Das Geschlecht von Redaktion und Drehbuch beim Fernsehen und der Regie und Drehbuch hängt signifikant mit der Sichtbarkeit von Frauen zusammen. Auch wenn eine Frau Regie führt, sind geringfügig mehr Frauen ProtagonistInnen (1,4) als bei Männern (1,2). Bedingt durch die geringe Fallzahl von Frauen (n = 38), die Regie führen, sind die Ergebnisse für Regie jedoch nicht signifikant. Interessanterweise gibt es diese Effekte nicht, wenn Teams zusammenarbeiten: Teams in denen Frauen und Männer zusammenarbeiten entscheiden ähnlich wie Männer. Entscheidet eine Frau allein, dann laufen Entscheidungsprozesse offensichtlich anders ab.

ABBILDUNG 39
Kino: Durchschnittliche Anzahl der Protagonistinnen je nach Geschlecht der kreativen Funktion

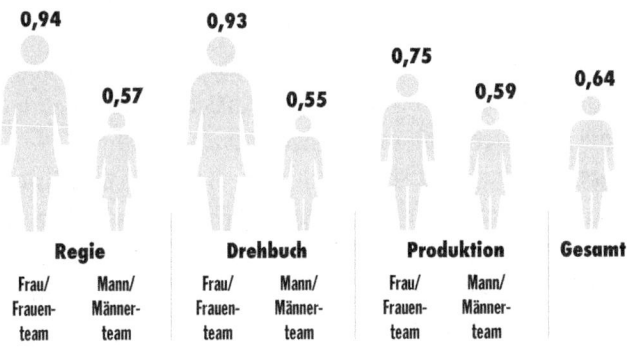

Auch für das Kino gilt: Männer, die Regie, Kamera, Produktion und Drehbuch in ihrer Hand haben, lassen uns weniger Frauen auf der Leinwand sehen. Umgekehrt werden mehr Frauen sichtbar, je mehr Frauen die Positionen Regie, Drehbuch oder Produktion besetzen. Da im deutschen Kino fast die Hälfte der Filme ohne weibliche (48%) und nur ein Drittel der Filme (34%) ohne männliche Hauptfigur auskommt, gibt es durchschnittlich 0,64 weibliche Hauptfiguren pro Film. Führt aber eine Frau Regie, dann sehen wir deutlich mehr Frauen: Der Frauenanteil wächst von 0,57 auf 0,94 und erhöht sich damit um 58 Prozent.

Hat eine Frau (oder ein Frauenteam) das Drehbuch geschrieben, sehen wir 1,7-mal mehr Frauen als bei männlichen Autoren. Der Frauenanteil erhöht sich um 59 Prozent. Sind eine Frau oder ein Frauenteam die Produzentinnen, dann sehen wir 1,3-mal mehr Frauen auf der Leinwand.

Fazit: Je mehr Frauen hinter der Kamera in Leitungsfunktionen agieren, desto mehr Frauen sehen wir auf der Leinwand als Protagonistinnen. Das bedeutet wiederum, dass es eine große Rolle spielt, wer hinter der Kamera arbeitet und wie dort die Geschlechterverteilung aussieht.

11.7 GRÜNDE FÜR DIE UNTERREPRÄSENTANZ VON FRAUEN: GENDERSPEZIFISCHE BARRIEREN

Sowohl in der FFA-Studie zum Kino (HOCHFELD et al. 2017), in der Fernsehsender-Studie (PROMMER et al. 2017), als auch in der EWA-Studie (AYLETT 2016) wurde nach den genderspezifischen Barrieren gefragt. Es wurden qualitative Interviews und standardisierte Online-Befragungen mit Personen aus der Film- und Fernsehbranche geführt.

Es zeigen sich bei allen Studien ähnliche Barrieren und Gründe. So bezeichnen drei Viertel der Befragten die Filmindustrie als geschlechterungerecht und sehen Frauen deutlich benachteiligt (AYLETT 2016). Diese Aussagen sind in allen Ländern ähnlich und auch männliche Befragte stimmen ihnen überwiegend zu.

Der wichtigste Punkt, der sich in allen Studien herauskristallisiert, ist, dass Frauen von den Verantwortlichen als Risiko gesehen werden.

Die Filmindustrie sei ein hochriskantes Business, bei dem es um hohe Summen pro Projekt gehe. So beurteilen die Befragten in Europa eine weibliche Regie sowohl für eine kommerzielle Finanzierung (56%) als auch für eine öffentliche Filmförderung (31%) negativ (AYLETT 2016).

Frauen, so heißt es, seien ein Risiko, da sie möglicherweise schwanger werden könnten, nicht so durchsetzungsstark seien wie Männer und ihnen die totale Hingabe zum Projekt fehle, da sie sich auch Gedanken um ihre Familie machen müssten. Zahlreiche Zitate der qualitativen Interviews belegen diese Haltung.

»Heutzutage ist die Risikobereitschaft geringer. Daraus folgt, dass weniger Aufträge an unerfahrene Regisseure vergeben [werden]« (m) (HOCHFELD et al. 2017: 36).
»Man denkt immer, wir stellen Filme her. Aber das stimmt nicht. Wir stellen Sicherheit her eigentlich. Der ganze Prozess ist damit verknüpft, dass wir Leuten, die das finanzieren, und seien es meinetwegen auch Förderungen, die Idee von Sicherheit verkaufen. Dass es ein Erfolg wird, dass das Geld zurückfließt, dass es kein Flop wird, dass die Quote stimmen wird. Diese Dinge. Und das Inhaltliche ist wirklich untergeordnet« (w) (HOCHFELD et al. 2017: 37).
»Ich glaube, dass man Frauen weniger zutraut, sich so durchzusetzen. Und ich meine, Regie muss sich durchsetzen. Und wenn es denn Frauen gibt, die das tun, dann werden die halt schnell als anstrengend und zickig empfunden« (w) (HOCHFELD et al. 2017: 42).
»Eine Redakteurin hat gesagt, sie arbeitet lieber mit Männern, weil Männer 100 Prozent für die Sache einstehen und ihren Job machen und quasi während des Jobs an nix anderes denken. Und bei Frauen spielt dann auch mal die Rolle, ob der Hund krank ist; jetzt mal übertrieben gesagt, die bleiben dann auch mal einen Tag zuhause. [...] Ich glaube, dass Frauen da eher gegen dieses Vorurteil kämpfen müssen, dass sie sich nicht so mit 150-prozentiger Arbeitskraft in die Dinge reinstürzen« (w) (HOCHFELD et al. 2017: 43).

Da es bisher weniger Filme gibt, bei denen Frauen Regie führen, gibt es auch weniger kommerziell erfolgreiche Filme von Frauen. Dies führt zu einem Zirkelschluss, in dem die Branche Frauen nicht zutraut, kommerziell erfolgreiche Filme zu realisieren. Deshalb bekommen sie weniger Filmförderung, ihre Filme kommen mit weniger Kopien auf den Markt und dies bedingt automatisch ein geringes Marketingbudget und damit automatisch weniger Zuschauer. In Frankreich zeigte sich auch, dass weibliche Regisseurinnen 31 Prozent weniger Gehalt für ihre Filme bekommen als Männer (AYLETT 2016), auch in Österreich gibt es diesen Gender-Pay-Gap (FLICKER/VOGELMANN 2018).

Ein häufig verwendetes Argument ist die geringe Netzwerktätigkeit von Frauen. Diesem Argument widersprechen die Untersuchungen von Verhoeven und Palmer in Australien (VERHOEVEN/PALMER 2016). Ihre Netzwerkanalysen zeigen, dass es 40 Prozent Männer gibt, die niemals mit einer Frau zusammengearbeitet haben und 75 Prozent die in 10 Jahren maximal nur mit einer Frau arbeiteten. Ihre These lautet daher: Es sind nicht die Frauen, die nicht netzwerken, sondern Männer, die Frauen nicht in ihre Netzwerke aufnehmen.

11.8 WAS LÄSST SICH ÄNDERN?

Ausführlich zeigen die verschiedenen Studien, dass Frauen in fast allen künstlerischen Positionen im Filmbereich unterrepräsentiert sind. Sei es als Regisseurin, Produzentin, Drehbuchautorin oder als Schauspielerin. Für die USA gilt, dass Frauen dort nur im einstelligen Prozentbereich in sogenannten »Above-the-Line«-Positionen beim Film tätig sind (GRINDSTAFF 2015). Darunter versteht man diejenigen Berufe in der Filmproduktion, die im Vorspann eines Filmes genannt werden, also ProduzentInnen, RegisseurInnen, DrehbuchautorInnen sowie Kameramänner und -frauen. Zu den Below-the-Line-Funktionen gehören die (meist) weiblichen AssistentInnen, die Continuity, die Regie-Assistenz oder die CasterInnen.

Welches Geschlecht die Personen hinter der Kamera haben, spielt eine klare Rolle für die Sichtbarkeit von Männern und Frauen auf der Leinwand oder dem Bildschirm: Je mehr Frauen am Produktionsprozess beteiligt sind, desto mehr Frauen treten als Hauptfiguren auf.

Wie lässt sich die Ungleichheit hinter der Kamera nun verändern?

Die Branche zeigt kulturelle Rahmenbedingungen und Barrieren, die besonders geschlechtsspezifisch wirken. Wir können von einer männlich dominierten, einer »male gendered« Industrie sprechen, da Frauen in allen Bereichen strukturell benachteiligt werden. Für eine Industrie, die sich selbst als künstlerisch und kreativ bezeichnet, sind die vorherrschenden Geschlechterbilder erschreckend stereotyp, traditionell und wenig fortschrittlich. Dabei spielt es eine große Rolle, wer unser Fernsehen macht.

Bisher gibt es für Deutschland keine Gleichstellungspläne, die versuchen, die strukturellen Barrieren in der Film- und Fernsehindustrie aufzubrechen. Die Gleichstellungspläne der öffentlich-rechtlichen Fernsehsender beziehen sich lediglich auf das festangestellte Personal und nicht auf die in der Regel frei arbeitenden RegisseurInnen, DrehbuchautorInnen oder ProduzentInnen. Durch die neuen Studien entsteht auch öffentlicher Druck. So schloss sich im Sommer 2014 eine Gruppe Regisseurinnen zusammen, um auf die dramatische Unterrepräsentanz von Projekten mit Regisseurinnen bei der Vergabe von Fördermitteln hinzuweisen. Zu den namhaften Unterzeichnerinnen einer Petition für eine geschlechterausgewogene Filmförderung gehören zum Beispiel Doris Dörrie und Connie Walther. Seit dem Jahreswechsel 2017/2018 wurden alle Gewerke mit aufgenommen und nun fordert die Initiative »Pro Quote Film«, dass in allen kreativen Positionen in der Filmproduktion Frauen ausgeglichen repräsentiert sein müssen.

Dabei sind die Möglichkeiten vielfältig und notwendig, wenn es um öffentliche Gelder geht, wie beim öffentlich-rechtlichen Fernsehen oder bei der Filmförderung. Das Beispiel Schweden zeigt, dass man auch ohne gesetzliche Quote eine 50-Prozent-Beteiligung von Frauen an Kinofilmen erreichen kann. Dies wurde durch Zielvorgaben erreicht, die eine Begründung der Personalentscheidungen notwendig und so Frauen als Regisseurinnen und Produzentinnen sichtbar machten. Anders geht die Filmförderung Eurimages vor, die durch ein Bonuspunkte-System die Gleichstellung erfolgreich fördert. Bei Eurimages wird nicht nur die Regie betrachtet, sondern auch der Inhalt der Filme. Zentral ist dabei, auch die Produzentinnen zu fördern, da diese vermehrt mit Regisseurinnen und Drehbuchautorinnen zusammenarbeiten und so auch mehr Frauen auf der Leinwand sichtbar werden.

12. MEDIENRESONANZ ZUR STUDIE

12.1 DAS CLAUS-KLEBER-INTERVIEW

Das Presse-Echo zur Studie *Ausgeblendet* ist zu großen Teilen einem Mann zu verdanken: Claus Kleber. Es war sein Interview mit Maria Furtwängler im *heute journal* am Abend des 17. Juli 2017, das nach der ersten journalistischen Auswertung der Studienergebnisse für eine zweite und überdies intensivere Welle der Berichterstattung sorgte. In diesem vor der Sendung aufgezeichneten Gespräch vertritt Kleber eine unverhohlene Gegenposition zum Anliegen Furtwänglers, für die er im Folgenden von verschiedenen Medien und MeinungsmacherInnen stark kritisiert wurde.*

Mit rhetorischen Fragen wie »Haben Sie eine Agenda?«, »Wollen Sie jetzt *Benjamin Blümchen* gendermainstreamen?« und Unterstellungen à la »Was Sie wollen, ist eigentlich: das Publikum umerziehen«, legte Kleber eine Haltung an den Tag, bei der es sich nicht um eine journalistisch-kritische Distanz, sondern um eine subtile »antifeministische Rhetorik« handelte (FILMLÖWIN 19.07.2017). Nicht nur, dass Maria Furtwängler durch diese Art von Fragen vom Beginn des Interviews an in

---

* Für die Zusammenstellung und Zusammenfassung des Presseechos danken wir Sophie Charlotte Rieger, der »Filmlöwin«.

die Defensive gedrängt wurde. Mit seinen Formulierungen beschwor Kleber zudem auch das Klischee der angriffslustigen Feministin herauf, das legitime politische Absichten hinter einer diffusen Form weiblicher Bedrohung verschwinden lässt.

Klebers im Interview artikulierte Einschätzung, Frauen würden in den Fernsehnachrichten bereits das Bild »dominieren«, legte nahe, dass die durch seine Rhetorik konstruierte Bedrohung durch Frauen für ihn selbst recht real sein musste. Und das wiederum ist hoch interessant: Denn wenn schon die in der Studie festgestellte paritätische Verteilung von Nachrichtenmoderationen von einem renommierten Journalisten wie Claus Kleber als weibliche Dominanz empfunden wird, dann sagt das eine ganze Menge über seine Interpretation von Geschlechtergerechtigkeit aus. Das feministische Online-Filmmagazin *Filmlöwin* kam daher zu dem logischen Schluss, dass es keinen besseren Beweis für den drängenden Handlungsbedarf gäbe, »als den Verlauf dieses Gesprächs, die polemische Rhetorik, die antifeministischen Scheinargumente und die Respektlosigkeit des Interviewers« (FILMLÖWIN 19.07.2017).

Vermutlich war es vor allem diese Respektlosigkeit, die nun prominente Gegenstimmen auf den Plan rief. Insbesondere in den sozialen Medien, in denen – eventuell auf Grund des Fehlens eines eindeutigen Hashtags – bis zu diesem Zeitpunkt über die Studie wenig zu lesen gewesen war, meldeten sich feministische AkteurInnen zu Wort. So twitterte beispielsweise die Autorin Antje Schrupp: »Ich kann schon verstehen, dass alle Maria Furtwängler fürs Ruhigbleiben loben, aber ich hätte es auch okay gefunden, den Kleber anzubrüllen« (SCHRUPP 2017).

Ähnlich kritische Urteile finden sich in einem Großteil dieser zweiten Welle der Berichterstattung. Klebers Fragen werden von der *Huffington Post* (RIEMANN 2017) und den *Störenfriedas* (HOHEIDE 2017) »schnippisch«, im *Stern* »chauvinistisch« (STENDEL 2017) und ein halbes Jahr später in der *Emma* »übergriffig« (PÜHRINGER 2018) genannt. Margarete Stokowski unterstellt ihm in ihrer *Spiegel Online*-Kolumne »Ahnungslosigkeit« (STOKOWSKI 2017), Nicole Kiendl spricht auf der Webseite der Jusos Niederbayern von »Antifeminismus« (KIENDL 2017). Mehrere AutorInnen interpretieren Klebers Haltung in diesem Interview als defensive Reaktion auf die Studienergebnisse. »Es bleibt Klebers offensichtlich starkes Unbehagen an der Idee, der Mann könnte seinen natürlichen Platz am Fernsehbildschirm verlieren«, schreibt beispielsweise Sebastian Fellner für den *Standard* (FELLNER 2017). Silke Burmester meint in der *Süddeutschen Zeitung*: »Klebers Fragen zeigten, dass die Studie bereits als Angriff empfunden wird« (BURMESTER 2017). Und auch Stokowski pflichtet bei, wenn sie Klebers Fragen »ins Genre ›Panik vor Feministinnen‹« einordnet (STOKOWSKI 2017).

Stokowskis Kolumne »Kleber gegen Furtwängler: Will der Feminismus uns alle umerziehen?« zog besonders weite Kreise. Der Artikel generierte allein im Forum von *Spiegel Online* knapp 400 Kommentare und wurde auf Twitter von diversen MultiplikatorInnen aufgegriffen und verbreitet. Eine ausführliche Kritik, die einzelne Formulierungen Klebers als antifeministische Rhetorik entlarvt, fand außerdem auf dem feministischen Filmblog *Filmlöwin* statt (FILMLÖWIN 19.07.2017). Zwei Tage später erschien derselbe Text zudem auf *Edition F* (FILMLÖWIN 21.07.2017), von wo aus er über Twitter weitere Verbreitung fand.

Tatsächlich bescherte Claus Kleber der Studie *Ausgeblendet* – vermutlich unfreiwillig – eine größere Verbreitung, da sich in Reaktion darauf feministische Stimmen einschalteten, die über die Studie bislang nicht berichtet hatten. Auch die im Folgenden mehrfach zitierte Kolumne von Silke Burmester für die *Süddeutsche Zeitung* entstand in Reaktion auf das Kleber-Interview.

Claus Kleber beschente mit seinem Interview der Studie *Ausgeblendet* eine zweite Welle der Berichterstattung. Doch damit nicht genug, denn er sollte – dieses Mal definitiv unfreiwillig – noch ein weiteres Mal den Blick der Öffentlichkeit darauf lenken. Im November 2017 verliehen die Medienfrauen von ARD, ZDF und ORF im Zuge ihres Herbsttreffens Claus Kleber den Negativpreis »Saure Gurke«, der als Wanderpokal jährlich für eine besonders frauenfeindliche Berichterstattung vergeben wird.

Im Dezember 2017 richtete sich der Preisträger dann auf Twitter direkt an die Medienfrauen: »Ich will niemanden beleidigen oder verletzen, aber ich nehme diesen Preis nicht an. Weil: ich Ihr Anliegen teile, es 2017 ist, der Pranger in D'land 1853 final überwunden wurde, eine #SaureGurke eins nicht sein darf: geschmacklos« (KLEBER 2017). Gegenüber dem DEUTSCHLANDFUNK bezog Claus Kleber ausführlicher

Stellung. Er räumte Maria Furtwängler die besseren Argumente ein und erklärte seine Interviewführung mit der journalistischen Notwendigkeit, im Interview »eine Gegenhaltung« einzunehmen (KÖSTER 2017).

Sowohl die Preisverleihung an sich wie auch Klebers Reaktion sorgten für eine erneute, wenn auch deutlich kleinere Welle der Berichterstattung, die sich vornehmlich in den sozialen Medien abspielte. So teilte beispielsweise *Edition F* über Social Media erneut den entsprechenden Artikel über das Claus Kleber-Interview.

Die Verbreitung der Kritik an Kleber über die sozialen Netzwerke Facebook und Twitter, wie der zitierte Tweet von Antje Schrupp, diente erheblich dem Bekanntwerden der Studienergebnisse. So formulierte Studienleiterin Elizabeth Prommer später in einem Interview mit dem *Standard*: »Man muss Claus Kleber auch relativieren, an sich hat er uns fast einen Gefallen getan. Er hat uns eine Diskussion geliefert« (PRIESCHING 2017).

12.2 WER BERICHTETE (NICHT)?

FERNSEHEN

Es ist sicherlich auch der Beteiligung der großen privaten und öffentlich-rechtlichen Sendeanstalten zu verdanken, dass die Ergebnisse der Studie *Ausgeblendet* am 12. Juli 2017 Eingang in die tagesaktuelle Nachrichtenberichterstattung auf verschiedenen Fernsehkanälen fanden. Die *Tagesschau*, gleich mehrere Ausgaben der *heute Nachrichten* in ZDF und 3SAT wie auch das obig erwähnte *heute journal* am späteren Abend, die *Aktuelle Stunde* im WDR, das *Nordmagazin* des NDR sowie *ProSieben Newstime*, RTL *Aktuell*, die *Sat.1 Nachrichten* und sogar *Logo!* (KIKA) zeigten kurze Beiträge zu den Studienergebnissen inklusive Interviewsequenzen mit Maria Furtwängler, Elizabeth Prommer und Verantwortlichen der jeweiligen Sendeanstalten. Neben dem *heute journal* mit Moderator Claus Kleber sind dabei insbesondere die Nachrichtensendungen der Privaten hervorzuheben.

Sowohl Laura Dünnwald in *ProSieben Newstime* als auch Marc Bator in den *Sat.1 Nachrichten* betonten die Beteiligung ihrer Sender an der Studie. »Genau das wollten wir, von der PROSIEBEN/SAT.1-Gruppe, herausfinden«, leitete beispielsweise Dünnwald den Beitrag über die *Ausgeblendet*-Studie ein und betonte damit das Engagement der eigenen Sendergruppe. Die Berichterstattung bei RTL *Aktuell* wiederum nutzte die Gunst der Stunde für eine Umfrage unter den eigenen Angestellten. Reporter Lutz-Philipp Harbaum befragte beispielsweise Kollegin Katja Burkard dazu, was sich ändern müsste, »damit mehr Frauen zu sehen sind«. Frauen müssten solidarischer sein, so die paradigmatische Antwort. Obwohl die Berichterstattung der Privaten deutlich selbstreferenzieller ausfiel als die der Öffentlich-Rechtlichen, fand die Ursachensuche eher außerhalb der eigenen Strukturen statt. Insbesondere RTL-Programmchef Frank Hoffmann betonte – bei der Pressekonferenz wie auch in den Nachrichten seines eigenen Senders – die schon vorhandene weibliche Präsenz bei RTL, während beispielsweise ZDF-Intendant Thomas Bellut in den *heute*-Nachrichten um 19 Uhr mit einer selbstkritischen Aussage zitiert wird: »Bei den Expertinnen zum Beispiel wird es dringend Zeit, dass mehr Frauen kommen.«

PRINT UND ONLINE

Die Ergebnisse der Studie fanden ihren Weg natürlich auch in jene Medien, die nicht Teil der Untersuchung waren. Deutschlandweit berichteten zahlreiche Tageszeitungen unterschiedlicher Auflagenstärke. Insbesondere in den regionalen Medien (*Kölner Stadtanzeiger, Schweriner Volkszeitung, Frankenpost* – um nur einige zu nennen) handelte es sich dabei vornehmlich um EPD- oder DPA-Meldungen sowie Interviews mit Maria Furtwängler. Die Haltung der AutorInnen war neutral bis wohlwollend.

Sowohl der *Tagesspiegel* als auch die *Süddeutsche Zeitung* veröffentlichten neben einem ausführlichen Artikel zu den Ergebnissen der Studie in den Printausgaben (HUBER 2017; VERENA MAYER 2017) auch Online-Kolumnen von Kerstin Decker (DECKER 2017) beziehungsweise Silke Burmester (BURMESTER 2017), die unterschiedlicher kaum hätten sein können. Denn während Burmester eine komplexe Einordnung der Studie in aktuelle feministische Diskurse um Frauenbilder in den Medien vornahm, rieb sich Decker auf zynische Weise vor allem an der Kritik des Kinderfernsehens und konstatierte: »Wer nur in Quantitäten denkt, der denkt trivial.« Dieser Vorwurf ist insofern interessant, als die Datengrundlage der Studie zwar quantitativ ist – also auf repräsentativen Daten beruht – aber die Einordnung und Diskussion der Ergebnisse sehr wohl auch qualitative Aspekte der Branche und der Gesellschaft einbezieht.

Selbst die Boulevardzeitungen *Bild* und BZ griffen die Studie auf. In der *Bild am Sonntag* erschien ein einseitiger, mit Zitaten von Furtwängler gespickter Artikel, der insbesondere am Handlungsbedarf im Kinderfernsehen keinen Zweifel aufkommen ließ (TACKMANN 2017). *Bild.de* überraschte in diesem Zusammenhang mit einer ausführlichen Darstellung der Studienergebnisse, bei der das sonst oft für seine sexistische Berichterstattung kritisierte Medium sogar mit Formulierungen wie »jede/r dritte HauptakteurIn« eine geschlechtersensible Sprache benutzte (KG 2017).

Auch die großen Nachrichtenmagazine *Der Spiegel*, *Stern* und *Focus* griffen das Thema auf. In der Printausgabe des *Spiegels* (AMANN 2017) erschien bereits vorab ein ausführliches Interview mit Maria Furtwängler über Rollenbilder in Film und Fernsehen, in dem auf die zeitnahe Veröffentlichung der Studienergebnisse hingewiesen wurde. Am 12. Juli 2017 folgte ein einseitiges Interview im *Stern* (MÜLLER 2017). Nur in der Printausgabe des *Focus* blieb das Gespräch mit Maria Furtwängler eine Randnotiz (FOCUS 2017). Wie im Fall der Tageszeitungen fand die ausführliche und kritische Berichterstattung zur Studie *Ausgeblendet* auch bei diesen Magazinen vor allem online statt. Herauszuheben ist außerdem die umfassende Berichterstattung in der Branchenzeitschrift *Blickpunkt Film*, die den Ergebnissen der Studie mehrere Seiten widmete (BOEHLE 2017).

Insgesamt finden sich die längsten sowie auch die meinungsstärksten Artikel in Online-Medien beziehungsweise auf den Webseiten etablierter Printmedien. Neben den bereits genannten Kolumnen in den Online-Ausgaben von *Tagesspiegel* und *Süddeutsche Zeitung* sind im Bereich etablierter Medien hier insbesondere die Artikel von Carolin Ströbele und Vanessa Vu auf zeit.de (STRÖBELE 2017; VU 2017), von Antje Hildebrandt auf welt.de (HILDEBRANDT 2017), von Nadine Wojcik auf dw.de (WOJCIK 2017) und von Alexander Krei auf dwdl.de (KREIS 2017) zu nennen. Für jetzt.de, das junge Online-Angebot der Süddeutsche Zeitung, schrieb Friedemann Karig über die Studienergebnisse und die, wie er es nannte, »Gender Media Gap« (KARIG 2017). Bento, der junge Ableger vom Spiegel, berichtete hingegen nicht.

Auch die Webseiten einzelner Organisationen griffen die Veröffentlichung der Ergebnisse auf, darunter Pro Quote Medien (PRO QUOTE MEDIEN 2017), Pro Quote Film – damals noch Pro Quote Regie (PRO QUOTE 2017), SagWas – das junge Debattenportal der Friedrich Ebert Stiftung (RIEGER 2017b) und die Produzentenallianz (PRODUZENTENALLIANZ 2017).

DAS SCHWEIGEN DER »FRAUENMEDIEN«

Auffällig gestaltet sich das Echo in den Medien mit vornehmlich weiblichem beziehungsweise feministischem Fokus. Während sogar eine klassische Frauenzeitschrift wie die Brigitte auf ihrer Webseite mit einem Artikel und einem kurzen, selbst produzierten Video umfassend über die Studienergebnisse informierte (BRIGITTE 2017), blieben ausgerechnet die feministischen Medien vergleichsweise still. Weder das Missy Magazine, noch die EMMA oder die österreichischen an.schläge berichteten über die Veröffentlichung der Zahlen. Ebenso schwiegen in der digitalen Sphäre die Mädchenmannschaft, der Watch Salon vom Journalistinnenbund und der Lila Podcast.

Artikel erschienen hingegen auf Edition F (WEDEKIND 2017), Broadly (KETTERER 2017) und dem feministischen Filmblog Filmlöwin (FILMLÖWIN 13.07.2017). Margit Miosga von der Zeitpunkte-Redaktion des RBB KULTURRADIO, die sich der »Welt aus Frauensicht« annimmt, widmete der Pressekonferenz vom 12. Juli 2017 eine 55-minütige Dokumentation (MIOSGA 2017).

Thematisch beziehungsweise zeitlich versetzt meldeten sich weitere feministische und Frauenmedien zu Wort. AVIVA führte anlässlich der Veröffentlichung der Studienergebnisse Interviews mit Belinde Ruth

Stieve von *SchspIN* (DE ANDRÉS 2017a) und Barbara Rohm von Pro Quote Film (DE ANDRÉS 2017b), zwei Akteurinnen, die sich in unterschiedlichen Bereichen für Geschlechtergerechtigkeit in Film und Fernsehen einsetzen. Ende Oktober 2017 erschien zudem auf *pinkstinks.de* eine Kolumne zu Rollenbildern in Film und Fernsehen, die nebst anderen Zahlen auch die Ergebnisse der Studie *Ausgeblendet* vorstellte (RIEGER 2017a).

In ihrer September/Oktober-Ausgabe griff EMMA dann die Studie doch noch auf und zwar in einer Kolumne zum *heute journal* mit Claus Kleber (LÜHMANN 2017), das – wie oben erwähnt – für eine zweite Welle der Berichterstattung sorgte. Zu dieser gehörten dann auch weitere feministische Akteurinnen wie Margarete Stokowski in ihrer Kolumne auf *Spiegel Online* und die *Störenfriedas* (HOHEIDE 2017).

Insgesamt aber überrascht das zurückhaltende Echo in eben jenen Medien, die ihren Schwerpunkt auf feministische Themen beziehungsweise die Rolle der Frau in der Gesellschaft gelegt haben. Über die Gründe hierfür können wir nur mutmaßen. Vielleicht war das Erstaunen über die Studienergebnisse bei diesen Akteurinnen durch jahrelange aufmerksame Medienbeobachtung zu klein, um sie als Neuigkeit aufzugreifen und zu präsentieren? Eine andere Erklärung könnte der vergleichsweise schwach ausgeprägte feministische Mediendiskurs in Deutschland sein.

12.3 WAS WURDE BERICHTET?

Die Studie *Ausgeblendet* wurde von der Presse insofern mehrheitlich positiv aufgenommen, als dass die AutorInnen die Durchführung der Erhebung als solche begrüßten und die Ergebnisse als Anlass für Gegenmaßnahmen werteten.

Ein Großteil der Berichterstattung bezeichnet das ermittelte Missverhältnis als schockierend, wenn auch nicht überraschend. So beschreibt beispielsweise Anne Haeming die Studienergebnisse auf *Spiegel Online* als »ernüchternd«, setzt aber wenig später hinzu: »Nur: bahnbrechend neu sind solche Erkenntnisse nicht.« Später bezeichnet sie es sogar als »bizarr«, dass es noch eine Studie zur Bestätigung von Altbekanntem brauche (HAEMING 2017). Ähnlich formulierte es Joachim Huber im *Tagesspiegel*: »Wer deutsches Fernsehen einschaltet und deutsche Kinofilme sieht, wird die Resultate der Untersuchung geahnt haben, zugleich wird er von ihrer Eindeutigkeit überrascht sein« (HUBER 2017). Nicht geahnt haben die AutorInnen die Zahlen für das Kinderfernsehen. Hier stellen sich die größte Überraschung wie auch die größte Entrüstung ein. »Man kann sagen: Ausgerechnet das Kinderfernsehen dreht das Rad der Emanzipation gerade wieder zurück«, schreibt beispielsweise Antje Hildebrandt auf *welt.de* (HILDEBRANDT 2017). Und Linda Becker subsummiert für den BR zynisch: »Dieses Verhältnis ist schlimmer als jedes rosa Lilifee-Ü-Ei« (BECKER 2017).

Das »diffuse Gefühl«, von dem Maria Furtwängler in verschiedenen Interviews und auch während der Pressekonferenz spricht, betrifft offenbar nicht nur sie und ihre SchauspielkollegInnen, sondern alle Menschen, die deutsche audiovisuelle Medien konsumieren. Die vorliegenden Zahlen, die jenes diffuse und in den Medien äußerst selten thematisierte Gefühl eines Missverhältnisses bestätigen, geben nun für nahezu alle Berichtenden einen Anlass zu korrigierenden Maßnahmen. Selbst Claus Kleber leitet sein vielfach kritisiertes Interview mit Maria Furtwängler im *heute journal* mit den Worten ein: »Ein Defizit, das so nicht bleiben kann oder soll, denn es ist 2017.«

Viele AutorInnen werten die Ergebnisse zudem als beschämend. Antje Hildebrandt spricht auf *welt.de* gar von einem »Armutszeugnis für das gebührenfinanzierte Fernsehen«, beim *Focus* findet sich die Wertung bereits in der Überschrift: »Studie stellt deutschem TV peinliches Zeugnis aus« (FOCUS 2017). Der Vorwurf richtet sich klar gegen die Sender, die von den AutorInnen mehrheitlich in der Verantwortung gesehen werden.

Inwiefern die Sender sich eben jener Verantwortung bewusst seien, darüber gehen die Meinungen in den Medien auseinander. Die vorliegenden Zahlen werden insgesamt als eine »wichtige Grundlage für eine längst überfällige Diskussion« gewertet (STIMSON 2017), doch auf die Frage, ob sich diese nun auch anschließen wird, finden die AutorInnen verschiedene Antworten.

»Wer der Diskussion folgte«, schreibt Alexander Krei auf *dwdl.de* über die Pressekonferenz, »konnte den Eindruck gewinnen, dass den

Sendeverantwortlichen wirklich daran liegt, die Ungleichheiten zu verringern« (KREI 2017). Und auch Nadine Wojcik formulierte auf *dw.de* die Einschätzung, dass »den untersuchten Fernsehsendern das Thema wichtig« sei (WOJCIK 2017).

Andere AutorInnen sind da skeptischer. Für die *taz* formuliert Jens Mayer vorsichtig, dass nun abzuwarten sei, inwieweit der gute Wille der Verantwortlichen auch wirklich nachweisbare Effekte bringe (JENS MAYER 2017). Vanessa Vu gibt sich auf *Zeit Online* deutlich pessimistischer: »Die Verantwortlichen auf dem Podium geben sich angesichts der Schieflage betroffen, aber nicht verantwortlich«, schreibt sie über die Pressekonferenz in der Akademie der Künste (VU 2017).

Taten statt Worte – das ist die Erwartungshaltung der meisten Berichtenden. »Jetzt bleibt nur noch: Machen, nicht quatschen«, konstatiert Anne Haeming auf *Spiegel Online*. »Das Einzige, was jetzt noch fehlt, sind Taten«, heißt es bei *Edition F* (EDITION F 2017). Auf Facebook postet der Unternehmensberater und feministische Aktivist Robert Franken ein Pro Quote Regie-Interview mit Thomas Bellut und kommentiert: »Stop talking, start acting« (FRANKEN 2017).

12.4 EIN DISKURS ENTSTEHT

Im Kontext der befürwortenden Berichterstattung, die größtenteils eine feministisch-kritische Haltung einnimmt, erstaunt die Wortwahl der AutorInnen. Begriffe wie »Sexismus«, »Diskriminierung« oder auch »Feminismus« finden kaum Verwendung. Überschriften wie jene bei *Prisma* mit »Doppelt so viele Männer wie Frauen: So sexistisch ist das deutsche Fernsehen« (HAUBERG 2017), stellen eine absolute Seltenheit dar. Dies ist vermutlich der grundsätzlich eher verhaltenen feministischen Medienkritik in Deutschland zuzuschreiben sowie einer generellen Skepsis gegenüber dem in Deutschland primär mit Alice Schwarzer assoziierten Feminismus an sich.

Umso bemerkenswerter ist es, dass eben jener feministische Mediendiskurs in der Berichterstattung zur Studie *Ausgeblendet* plötzlich ein ungeahntes Maß an Selbstverständlichkeit gewinnt. Der Zusammenhang zwischen den in Film und Fernsehen dargestellten Gesellschaftsbildern und den realen gesellschaftlichen Missständen, wie sexistischer Diskriminierung, ist plötzlich über jeden Zweifel erhaben. Selbst die *Bildzeitung*, deren sexistische und frauenfeindliche Berichterstattung anhaltend in der Kritik steht, ist nun der Meinung: »Eine gleichberechtigte Darstellung von Männern und Frauen im deutschen Fernsehen und Kino könnte helfen, alte Geschlechter-Klischees aufzulösen« (KG 2017). Und die Frauenzeitschrift *Brigitte* sieht die Studienergebnisse als Erklärung, »warum wir immer noch so stark in alten Geschlechterklischees verharren« (BRIGITTE 2017). Der *Focus* schreibt, das Fernsehen habe eine immense Kraft, »Vorstellungen zu prägen und Stereotypen zu verfestigen beziehungsweise zu brechen« (FOCUS 2017).

Vor diesem Hintergrund geschieht dann in Teilen der Berichterstattung zu den Ergebnissen der Studie *Ausgeblendet* eine Einbettung derselben in den feministischen Mediendiskurs. Eine prominente Rolle spielt dabei die Vereinigung Pro Quote Regie (nun: Pro Quote Film), die sich für Gleichberechtigung hinter den Filmkameras einsetzt und deren Ziel, die 50-Prozent-Quote für Regisseurinnen, vor dem Hintergrund der Studie großen Zuspruch erfährt: »Die überfällige Studie zeigt einmal mehr, warum wir so dringend Quoten im Journalismus und unter Filmschaffenden brauchen: Denn nur, wenn sich in den Führungsebenen etwas ändert, hin zu mehr Geschlechtergerechtigkeit und Diversität, besteht eine echte Chance, dass auch die Medien das werden, was sie sein sollten: Ein Spiegelbild der Gesellschaft.« So schreibt beispielsweise Anna-Maria Wagner auf der Webseite des DJV unter dem provokanten Titel *Die 50er haben angerufen...* (WAGNER 2017).

Mehrfach erwähnt wird in der Debatte die Neubesetzung von *Dr. Who*, einer beliebten Science-Fiction-Serie der BBC. Im Sommer 2017 war bekannt geworden, dass die titelgebende Hauptfigur zum ersten Mal seit dem Serienstart im Jahr 1963 mit einer Frau besetzt werden würde – eine umstrittene Entscheidung, die durch die Studie *Ausgeblendet* aber umso wichtiger erscheint und quasi indirekt einmal mehr Legitimation findet. Die BBC dient einigen AutorInnen aber noch in anderer Hinsicht als Vorbild: Unter anderen erwähnen Silke Burmester in der *Süddeutschen Zeitung* und Antje Hildebrandt in der *Welt* das von der BBC im Jahr 1995 eingeführte Gender Monitoring. »Die Zahl der interviewten Frauen auf dem Sender sei von 17 auf 24 Prozent gestiegen«, berichtet Denise Jeitziner auf *derbund.ch* (JEITZINER 2017).

Auf *Broadly* stellt Joey Ketterer eine Verbindung zwischen den Studienergebnissen und dem Phänomen des »Mansplaning« her – ein Begriff, der im Grunde nichts anderes bedeutet als das Teilfazit der Studie *Ausgeblendet* »Männer erklären die Welt«. In der *Hildesheimer Allgemeinen* nutzt der Artikel »Vor allem Männer an der Macht in Hildesheim« die Studie als Ausgangspunkt für eine feministisch-kritische Betrachtung politischer Strukturen der Stadt und stellt eine thematische Verbindung zu der aktuellen Diskussion über Sexismus am Literaturinstitut der Universität Hildesheim her (*Hildesheimer Allgemeine* 2017). Silke Burmester schreibt für die *Süddeutsche Zeitung* über »die Deutungshoheit von Frauenbildern« und bezieht sich dabei unter anderem auf die Fernsehserie *Curvy Supermodel* wie auch den #Aufschrei, der in Deutschland 2013 einen Diskurs um Alltagssexismus ausgelöst hat.

12.5 DIE ROLLE VON MARIA FURTWÄNGLER

Maria Furtwängler war Initiatorin der Studie *Ausgeblendet* und ihre Rolle in der Debatte ist nicht zu unterschätzen. Ein großer Teil des Medienechos ist eindeutig ihrem Bekanntheitsgrad als *Tatort*-Schauspielerin und ihrer damit einhergehenden Prominenz zu verdanken. Dafür spricht beispielsweise der große Anteil der Interviews an der Berichterstattung.

In Teilen der Berichterstattung wird der Promi-Bonus von Maria Furtwängler auch zum Thema. Anne Haeming beispielsweise schreibt, man müsse »dem Sog, den eine Persönlichkeit wie Maria Furtwängler auslösen kann, dankbar sein« (HAEMING 2017). Und auch Caroline Wiedemann urteilt für *Neues Deutschland* zu Furtwängler: »Dank ihrer Prominenz erzeugt das Druck« (WIEDEMANN 2017).

Selbstredend gibt es auch kritische Kommentare zur Person Maria Furtwänglers, die gerade das Thema Prominenz zum Anlass nehmen, ihre Intention infrage zu stellen. Eine erfolgreiche Schauspielerin, so die

Logik, habe keinen Anlass, Missstände in der Branche aufzudecken. »Man fragt sich ja schon, wie ausgerechnet sie auf die Idee gekommen ist, eine Lanze für die Frauen zu brechen. [...] Und es entbehrt nicht der Koketterie, wenn ausgerechnet sie sagt: ›Dieses diffuse Gefühl, dass die Rollenangebote nach dem 51. Geburtstag weniger werden, haben wir alle.‹«, schreibt beispielsweise Antje Hildebrandt für die *Welt* (HILDEBRANDT 2017). Und Stefanie Thyssen urteilt für den *Mercur*, Maria Furtwängler hätte »wahrlich keinen Grund sich zu beschweren« (THYSSEN 2017). Diese Stimmen sind jedoch in der Minderheit, während das Gros der Berichterstattenden in Maria Furtwängler eine würdige Gallionsfigur des Kampfes um Gleichberechtigung in den Medien sieht. Die *Filmlöwin* fragt gar, »Ist Maria Furtwängler Deutschlands Geena Davis?« (FILMLÖWIN 2017a).

12.6 KRITISCHE STIMMEN

Insgesamt sind die kritischen Positionen innerhalb des Medien-Echos klar in der Unterzahl und wenn sie vorkommen, dann in der Regel verknüpft mit einer grundlegenden Skepsis gegenüber feministischen Diskursen und der Geschlechterforschung. Dies zeigt sich beispielsweise in Seitenhieben auf geschlechtergerechte Sprache, wie in Kerstin Deckers Text für den *Tagesspiegel*, in dem sie mit unsinnig gegenderten Begriffen à la »die Fortschrittlichinnen« spielt und sexistische Stereotypen untermauert: »Männer sind schon als Baby aggressiver, die hauen statt zu streicheln. Sollten wir nicht dankbar dafür sein, was wir alles nicht werden müssen?« (DECKER 2017). Eine ähnliche Stoßrichtung, wenn auch deutlich oberflächlicher formuliert, verfolgt Julia Friese in ihrer Kolumne auf *welt.de*. In ihrem Text beklagt sie, der »schöne Mann« werde »vom Fernsehen echt so richtig wegdiskriminiert.« Auch Friese verbeißt sich in sexistischen Stereotypen, wenn sie dem in der Studie ermittelten Zwei-zu-Eins-Verhältnis zwischen Männern und Frauen ohne jede Ironie gegenüberstellt: »... auf einen hübschen Mann kommen doch sogar 20 hübsche Frauen!« (FRIESE 2017).

Andere kritische Stimmen nehmen die Durchführung der Studie ins Visier. Alexandra Knief sieht in ihrem Kommentar im *Weser Kurier* keinen Grund zur Entrüstung und merkt an: »Ganz ignoriert wird vorerst das ›Warum‹. Wollen Frauen in einigen Bereichen vielleicht gar nicht so präsent sein wie ihre männlichen Kollegen?« (KNIEF 2017).

Wie immer bei öffentlichkeitswirksamen feministischen Diskursen melden sich auch Stimmen aus der rechten, anti-feministischen Ecke wie Autoren der Webseiten *achgut.com* und *danisch.de* zu Wort. Hier finden sich stark frauenfeindliche Äußerungen wie die folgende bei *achgut. com*: »Warum das Fernsehen so selten Erfinderinnen zeigt? Ja, heilige Einfalt! Offenbar deshalb, weil nur wenige Menschen weiblichen Geschlechts was Handfestes erfinden« (RÖHL 2017). Kommentare dieser Art sollten jedoch nicht als ernstzunehmende Kritik, sondern vielmehr als Zeichen dafür gewertet werden, dass die Studie *Ausgeblendet* in der öffentlichen Wahrnehmung präsent genug war, um eben jene Stimmen auf den Plan zu rufen.

12.7 EIN JAHR SPÄTER

Ein Jahr nach der Veröffentlichung der Studie greifen einzelne Medien das Thema erneut auf, um eine erste Bilanz zu ziehen. Das *Nordmagazin* im NDR befragt Elizabeth Prommer im Juli 2018, was sich seit der Bekanntmachung des zahlenmäßigen Missverhältnisses getan habe (NORDMAGAZIN 2018), woraufhin diese darüber berichtet, wie interessiert die Sender an den Ergebnissen sind. Karoline Meta Beisel hakt für die *Süddeutsche Zeitung* dezidiert bei einzelnen Sendeanstalten und Produktionsfirmen nach und schlägt dabei insgesamt einen optimistischen Ton an. So schreibt sie beispielsweise über die DEGETO, dass sich der Anteil an Regisseurinnen bei ihren Produktionen auf 20 Prozent erhöht habe. »Klingt nach wenig – aber vor drei Jahren waren es noch 14 Prozent«, kommentiert sie diese Zahl (META BEISEL 2018). Etwas verhaltener zeigen sich Carolin Ströbele und Vanessa Vu, die ihr ausführliches Interview mit Maria Furtwängler für *Zeit Online* mit den Worten einleiten: »Ein Jahr später hat sich zwar wenig auf der Leinwand, aber einiges hinter den Kulissen verändert« (STRÖBELE/VU 2018). Das Thema ist also noch, beziehungsweise wieder in den Medien präsent. Der sich in der Berichterstattung nach der Veröffentlichung der Studienergebnisse und dem Kleber-Interview abzeichnende feministische Mediendiskurs hat sich allerdings nicht als Konstante etabliert.

13. GENDER BIAS WITHOUT BORDERS*

Die Marginalisierung von Frauen beziehungsweise von weiblichen Figuren und Stimmen in Film und Fernsehen ist, wie bisher gezeigt, keinesfalls eine genuin deutsche Problematik. Spätestens die 2014 vorgelegte Studie des Geena Davis Institute in den USA über elf verschiedene Filmnationen, darunter auch Deutschland, wies zweifelsfrei nach, dass Männer in allen betrachteten Ländern vor und hinter der Kamera deutlich stärker repräsentiert waren als Frauen (vgl. SMITH/CHOUEITI/PIEPER 2014). Insofern lohnt sich ein Blick über den Tellerrand zu Initiativen, Kampagnen und AkteurInnen, die sich in anderen Teilen der Welt für mehr Geschlechtergerechtigkeit und Diversität in der Film- und Fernsehindustrie einsetzen. Es werden auch solche Initiativen, Kampagnen und AkteurInnen vorgestellt, die sich mit Macht- und Beschäftigungsverhältnissen in dieser Branche beschäftigen. Denn wie unsere Studie *Ausgeblendet* nachgewiesen hat, besteht ein enger Zusammenhang zwischen der Repräsentation von Frauen vor und hinter der Kamera.

Insbesondere – aber nicht ausschließlich – in den USA gaben Ereignisse in der Film- und Fernsehwelt in den vergangenen Jahren wiederholt Anlass zu Öffentlichkeitskampagnen. Zum Teil gründeten sich in diesem Zusammenhang Initiativen, die Sexismen in der Filmindustrie

---

* Für die Zusammenstellung der verschiedenen internationalen Initiativen und Maßnahmen danken wir Sophie Charlotte Rieger, der »Filmlöwin«.

systematisch offenlegten beziehungsweise auf einzelne hieraus resultierende Probleme aufmerksam machten. Zum Teil handelt es sich aber auch um organisch gewachsene Bewegungen, die in den sozialen Medien, ausgehend von einzelnen Statements oder Hashtags entstanden und sich im Folgenden zu einem größeren Mediendiskurs ausweiteten. Ob nun gezielt konzipiert oder generisch aus einer thematischen Diskussion erwachsen, sind all diese öffentlichkeitswirksamen Diskussionen darauf ausgerichtet, den Druck auf Verantwortliche zu erhöhen und eine Veränderung zu mehr Gleichberechtigung vor und hinter der Kamera zu erzielen.

Dieses Kapitel liefert einen Überblick über die aktuellen Bewegungen. Es ist eine beispielhafte Aufzählung und erhebt nicht den Anspruch auf Vollständigkeit, sondern soll die Vielfalt – vor allem der Initiativen in den USA – zeigen.

TIME'S UP

»Time's Up«, die Zeit ist um – das ist inzwischen auf Stickern, Buttons und Kaffeetassen zu lesen. Der Slogan steht für eine Kampagne gegen Machtmissbrauch und sexualisierte Gewalt. Der konkrete Auslöser für diesen Zusammenschluss war jedoch eine öffentliche Solidaritätsbekundung der »Alianza Nacional de Campesinas«, also der Allianz der US-amerikanischen Landarbeiterinnen, mit Frauen aus der Filmbranche. Machtmissbrauch als gesellschaftsübergreifendes Problem steht demnach auch im Zentrum der Aktivitäten von »Time's Up«. Dabei spielen Frauen aus der Filmbranche insofern eine zentrale Rolle, als dass sie durch ihren Bekanntheitsgrad und ihre Arbeit als Medienproduzentinnen einen besonders guten Zugang zur Öffentlichkeit besitzen und somit wertvolle Multiplikatorinnen darstellen. Die Arbeit von »Time's Up« ist aber nicht auf die Filmindustrie begrenzt und begreift darüber auch den Begriff »Frau« sehr inklusiv: »Time's Up™ is an organization that insists on safe, fair and dignified work for women of all kinds. We want women from the factory floor to the floor of the Stock Exchange to feel linked as sisters as we shift the paradigm of workplace culture«– so die Selbstbeschreibung der Organisation auf ihrer Webseite.

5050X2020

Bei den Filmfestspielen von Cannes im Jahr 2018 fanden sich vor der Premiere von Eva Hussons Film *Girls of the Sun* 82 internationale Filmfrauen auf den Stufen des roten Teppichs vor dem Festivalpalast für einen Protest ein. Die Anzahl 82 war dabei nicht beliebig, sondern spielte auf die unter weiblicher Regie entstandenen Filme an, die das Festival im Laufe seiner 71-jährigen Geschichte im Wettbewerb gezeigt hat. Cate Blanchett und Agnès Varda verlasen das Statement der Gruppe auf Englisch beziehungsweise Französisch. Zu den hierin enthaltenen Forderungen gehören unter anderem Parität, Diversität und Transparenz sowie eine aktive Beteiligung der Regierungen an der Umsetzung dieser Ziele. Das Statement endet mit dem Aufruf: »The stairs of our industry *must* be accessible to all. Let's climb« (5050x2020 [2018]).

Zu den UnterzeichnerInnen des Statements zählen nicht nur französische, sondern internationale Filmschaffende unterschiedlichen Geschlechts, die sich gemeinsam für mehr Geschlechtergerechtigkeit hinter der Kamera einsetzen.

Initiiert wurde diese Aktion durch die französische Gruppe »5050x2020«, die sich als Reaktion auf den Weinstein-Skandal und die US-amerikanische Initiative »Time's Up« gegründet hatte. Wie der Name bereits ausdrückt, wollen die Aktivistinnen bis zum Jahr 2020 eine paritätische Repräsentation von Frauen in der Filmbranche durchsetzen. Dahinter steht der Gedanke, dass mit einer solchen strukturellen Veränderung auch jene Machtverhältnisse aufgebrochen werden, die (sexuellen) Missbrauch und Ausgrenzung begünstigen.

INCLUSION RIDER UND #OSCARSSOWHITE

Die Verleihung der Academy Awards, auch Oscars genannt, ist ein Medienereignis sondergleichen, das in der ganzen Welt live übertragen wird und natürlich insbesondere in den USA immense Einschaltquoten erzielt. Und so ist es nur logisch, dass die Bühne eben jener Preisverleihung auch immer wieder für politische Statements genutzt wird, denn was bei der Gala oder auch im Kontext derselben geschieht, erreicht eine breite und internationale Öffentlichkeit.

Als Frances McDormand in der Oscar-Dankesrede am 4. März 2018 den »Inclusion Rider« als Lösung preist, ist dieser in aller Munde. Es handelt sich dabei um einen Zusatz in Verträgen, die im Zusammenhang mit Filmproduktionen geschlossen werden, vornehmlich Verträge von besonders prominenten SchauspielerInnen mit den produzierenden Studios. Denn je größer das Interesse einer Produktionsfirma an einer Person, desto mehr Einfluss kann diese auf die Gestaltung ihres Vertrags ausüben. Der Zusatz beinhaltet eine Diversitätsklausel: Das produzierende Studio verpflichtet sich mit seiner Unterschrift, wann immer möglich, Angehörige diskriminierter Bevölkerungsgruppen zu engagieren. Dies bezieht sich sowohl auf den Cast als auch auf den Stab der Filmproduktion.

Entwickelt wurde der »Inclusion Rider« von Stacy L. Smith an der Annenberg School for Communication and Journalism an der University of Southern California. Bereits im Jahr 2014 stellte sie das Instrument gemeinsam mit zwei anderen Strategien für mehr Diversität in Filmproduktionen in einer Kolumne auf der Webseite des *Hollywood Reporter* vor (SMITH 2014a). Doch erst mit der Oscar-Dankesrede von Frances McDormand wurde die breite Öffentlichkeit darauf aufmerksam (O'CONNOR 2018).

In Reaktion auf diese Rede sagten nicht nur viele SchauspielerInnen, sondern auch ProduzentInnen öffentlich zu, zukünftig auf einen »Inclusion Rider« in ihren Verträgen zu bestehen. So zum Beispiel Paul Feig, der die Klausel für alle Spielfilm- und TV-Produktionen seiner Firma Feigco Entertainment übernahm (MCNARY 2018). Auch große KünstlerInnen-Agenturen wie WME verkündeten, ihren KlientInnen zukünftig zu einem »Inclusion Rider« in ihrem Vertrag zu raten (SUN 2018).

Der »Inclusion Rider« ist nicht die einzige Diversitätskampagne, die sich aus einer Oscar-Verleihung heraus entwickelte. So fanden beispielsweise die Academy Awards 2015 mit dem Twitter-Hashtag »OscarsSoWhite« große öffentliche Kritik, da unter den nominierten SchauspielerInnen keine einzige »Person of Color« war. Dies war auch deshalb besonders bemerkenswert, weil der Film *Selma* von Regisseurin

Ava DuVernay über den afroamerikanischen Bürgerrechtsaktivisten Martin Luther King Jr. bei den Nominierungen komplett übergangen worden war – in allen Kategorien. Sogar ein Kongressabgeordneter, Tony Cardenas, schaltete sich ein und fordert die Academy Präsidentin Cheryl Boone Isaacs in einem Brief dazu auf, sich um mehr Diversität bei den Awards zu bemühen (JOHNSON 2015).

Seitdem macht die Academy of Motion Pictures Arts and Sciences Schlagzeilen mit der Aufnahme zahlreicher neuer Mitglieder zum Ziele größerer Diversität in Hinblick auf Geschlecht und ethnischer Herkunft. So zum Beispiel im Juli 2018, als stolze 928 KünstlerInnen Einladungen zur Mitgliedschaft erhielten (KHATCHATOURIAN 2018).

MASSGEBLICHE BESETZUNGSENTSCHEIDUNGEN

Auch die Besetzungen bestimmter Film- beziehungsweise Serienrollen stoßen immer wieder Diskurse zum Thema Diversität an. So zum Beispiel 2017 mit Jodie Whittaker als *Dr. Who*, die Hauptfigur der gleichnamigen BBC-Science-Fiction-Serie. Seit dem Serienstart 1963 wurde dieser Part ausschließlich von Männern gespielt. Und obwohl der Wechsel des Geschlechts im Kontext der Handlung mühelos erklärt werden konnte – da die außerirdische Figur im Laufe der vielen Serienjahre immer wieder durch Inkarnation ihr körperliches Erscheinungsbild verändert hatte – löste die Besetzungsentscheidung starke frauenfeindliche Proteste aus (DUFF 2017). Natürlich gab es ebenso feministische Diskurse über die Bedeutung eines weiblichen *Dr. Who* für Diversität in den Medien (WILLIAMS 2017).

Ziemlich genau ein Jahr später sorgte der Rücktritt von Scarlett Johansson von ihrer Rolle im Trans*-Drama *Rub and Tug* für Aufsehen. Nachdem die Besetzung von Johansson bekannt geworden war, hatten sich insbesondere in der Trans*-Community Hollywoods wütende Stimmen zu Wort gemeldet. So kritisierten beispielsweise die Schauspielerinnen Trance Lysette und Jamie Clayton stark, dass der entsprechende Part nicht an einen Trans*darsteller vergeben worden war und thematisierten im Zuge dessen die Diskriminierung von Trans*personen im Filmgeschäft (SHARF 2018). In der Erklärung ihres Rücktritts entschuldigte sich Scarlett Johansson für ihre fehlende Sensibilität gegenüber dem Trans*diskurs und nutzte die Aufmerksamkeit der Öffentlichkeit, um darüber hinaus auf die Marginalisierung von Trans*personen in Hollywood-Produktionen hinzuweisen (STEDMAN 2018). Ob *Rub and Tug* auch nach dem Ausscheiden von Johansson produziert wird, ist zum jetzigen Zeitpunkt noch unklar. In jedem Fall aber hat dieser prominente Fall zu einem großen öffentlichen Diskurs über die Repräsentanz von Trans*personen in Spielfilmen und Serien beigetragen.

DIE »FILMOGRAPHY« DES BRITISH FILM INSTITUTE

Wie hoch war der Frauenanteil in Cast und Crew bei Filmen, die beispielsweise in den 1920er-Jahren in Großbritannien produziert wurden? Diese und ähnliche Fragen können sich seit 2017 alle BesucherInnen der Webseite »BFI Filmography« mit einer kleinen Recherche selbst beantworten.

Das British Film Institute hat einzelne Daten der seit 1911 in Großbritannien produzierten Spielfilme zu einer interaktiven Webseite aufbereitet, die 2017 unter dem Titel »BFI Filmography« online ging. Die Daten werden seitdem kontinuierlich aktualisiert.

BesucherInnen der Webseite können zu jeder einzelnen Produktion das Geschlechterverhältnis vor und hinter der Kamera betrachten sowie über eine Suchmaske individuelle Recherchen zu bestimmten Genres, Stichworten und Jahrgängen durchführen. Die mit zahlreichen Grafiken gestaltete Webseite lädt zum Verweilen und Entdecken ein und beeindruckt mit ihren umfangreichen Informationen zu Filmen wie auch Filmschaffenden. Zudem werden mit Hilfe dieses Projekts Geschlechterverhältnisse vor und hinter der Kamera transparent, anschaulich und für die Allgemeinheit zugänglich gemacht.

13.1 ORGANISATIONEN UND FORSCHUNGSGRUPPEN

Die beschriebenen Kampagnen und Diskurse haben ihren Ursprung mehrheitlich in den USA. Das ist kein Zufall. In den Vereinigten Staaten haben sich in den letzten 10 bis 15 Jahren zahlreiche Organisationen gegründet, die zur Geschlechtergerechtigkeit in Film und Fernsehen forschen, informieren und Kampagnen durchführen. Mehrere Online-Medien nehmen sich intensiv des Themas an und – wie im Fall von Frances McDormand und Cate Blanchett – setzen sich immer mehr Schauspielerinnen auch aktiv für weibliche Repräsentanz vor und hinter der Kamera ein. Im Folgenden soll daher eine Auswahl dieser Initiativen vorgestellt werden.

DAS GEENA DAVIS INSTITUTE ON GENDER IN MEDIA

Das Geena Davis Institute on Gender in Media ist das bekannteste US-amerikanische Institut, das sich der Diversität in den Medien verschrieben hat. Es wurde 2004 von der namensgebenden Schauspielerin gegründet. Mit zahlreichen Studien, unter anderem zum Einfluss des Kinderfernsehens auf die beruflichen Träume der jungen ZuschauerInnen (SMITH/CHOUEITI/STERN 2013; SMITH et al. 2013) und zu *Gender Bias Without Borders* über Frauenfiguren in den erfolgreichsten Filmen verschiedener Nationen, hat das Institut maßgeblich zum Gender-Medien-Diskurs in den USA beigetragen.

Neben diesen Studien stellt die Webseite des Instituts auch Unterrichtsmaterialen sowie Informationen für Eltern zur Verfügung und bietet Weiterbildungen für Filmschaffende an. Regelmäßig stattfindende »See Jane Salons« geben Raum für Podiumsdiskussionen und stellen neue Studienergebnisse vor.

Zudem hat das Geena Davis Institute zusammen mit Google und der University of South California den »Geena Davis Inclusion Quotient« entwickelt, eine Software mit der sich ohne aufwendige Sichtung und Protokollierung anhand von Gesichts- und Stimmerkennung eine Aussage über die geschlechtliche Diversität des Casts treffen lassen (GDGM 2016).

ANNENBERG INCLUSION INITIATIVE UND
CENTER FOR THE STUDY OF WOMEN IN TELEVISION AND FILM

Die University of South California ist auch unabhängig vom Geena Davis Institute im Bereich der Medienforschung aktiv. Sie beherbergt die Annenberg School for Communication and Journalism, deren Think Tank, eine Annenberg Inclusion Initiative, zur Diversität und Inklusion in der Unterhaltungsindustrie arbeitet und einfache wie auch praktische Lösungsansätze entwickelt. Das bekannteste Konzept dieser Forschungsgruppe um Stacy L. Smith ist der bereits vorgestellte »Inclusion Rider«. Ein weiteres Werkzeug ist »Just Add Five«, bei dem es im Grunde darum geht, einem Skript fünf weitere weibliche Figuren hinzuzufügen (SMITH 2013). Zudem dient die Facebook-Seite der Initiative dazu, Filme von und über Frauen anzukündigen und ihnen somit zu mehr Publikum zu verhelfen beziehungsweise ZuschauerInnen für die Marginalisierung von Frauen in der Branche zu sensibilisieren.

Geografisch und thematisch in nächster Nähe befindet sich das Center for the Study of Women in Television & Film an der San Diego State University, das sich mit der Repräsentation von Frauen sowohl vor wie auch hinter der Kamera beschäftigt. Das Institut gibt jährlich zwei verschiedene Studien heraus: Zum einen die *It's a Man's (Celluloid) World* über den Anteil weiblicher Protagonistinnen, Hauptfiguren beziehungsweise sprechender Figuren an den hundert erfolgreichsten Filmen eines jeden Jahres im Zusammenhang mit dem Anteil von Frauen am Filmstab; zum anderen die *Boxed In*-Studie über die Darstellung weiblicher Figuren und den Frauenanteil hinter der Kamera im Primetime-Fernsehen. Die *Boxed In*-Studie ist dabei bereits in ihrem 18. Jahrgang. Zudem veröffentlichte das Institut 2018 eine Studie zum Geschlechterverhältnis in der Filmkritik und dessen Auswirkungen (LAUZEN 2018).

Auch an der University of California Los Angeles wird zu den Geschlechterverhältnissen in Hollywood geforscht: Beim *Hollywood Diversity Report* handelt es sich um eine seit fünf Jahren im jährlichen Rhythmus durchgeführte Analyse aktueller US-amerikanischer Film-, Fernseh- und Serienproduktionen in Hinblick auf die Repräsentation von Frauen und Minderheiten vor und hinter der Kamera. Der aktuellste Bericht aus dem Jahr 2018 (HUNT 2018), durchgeführt am College of Social Sciences der UCLA, betrachtet beispielsweise die 200 erfolgreichsten Kinofilme aus dem Jahr 2016 sowie 1.251 Serien aus der Saison 2015/2016.

ORGANISATIONEN UND INITIATIVEN FÜR MEHR DIVERSITÄT

Neben den im Bereich der Wissenschaft angesiedelten Forschungsgruppen zu Geschlechterverhältnissen in der Filmindustrie existieren in den USA zahlreiche weitere Organisationen, die sich dem Thema Diversität auf Leinwand und Bildschirm auch jenseits der Frage nach weiblicher Repräsentation annehmen.

GLAAD beispielsweise ist eine Initiative, die sich für eine sensible Berichterstattung der Presse zum Thema LGBTQ einsetzt, um die gesamtgesellschaftliche Akzeptanz dieser Bevölkerungsgruppe zu stärken und diskriminierende Strukturen abzubauen. In diesem Zusammenhang führt das GLAAD Media Institute verschiedene Formen der Weiterbildung für MedienmacherInnen durch, darunter auch Angebote für Filmschaffende zur Repräsentation von LGBTQ-Charakteren jenseits der gängigen Stereotype.

Die Multicultural Media Correspondents Association, kurz MMCA, wiederum setzt sich für eine gleichberechtigte mediale Repräsentation von »People of Color« ein – nicht nur in fiktionalen Film- und Fernsehformaten, sondern im gesamten Spektrum der medialen Unterhaltung und Information. Auf ihrer Webseite stellt die Organisation entsprechende Studien zur Verfügung und informiert über aktuelle Ereignisse und Diskurse. Zudem betreibt sie eine Datenbank mit Stellenangeboten und Profilen von Medienschaffenden of Color.

Das im Juni 2018 angekündigte Projekt der Agentur CAA »Amplify« verfolgt ein ähnliches Ziel wie die MMCA. Auch hier soll eine Datenbank entstehen und zwar in diesem Fall für Film- und SerienautorInnen of Color (BUSCH 2018). Auch diese Initiative zielt auf eine stärkere Repräsentation nicht-weißer Menschen vor und hinter den Kameras ab.

Noch spezifischer ist der Ansatz vom im Juli 2018 angekündigten »Essence Creators and Makers Fund«. Gemeinsam mit der Musikerin und Schauspielerin Queen Latifa plant das US-amerikanische Magazin *Essence* eine 20 Millionen Dollar schwere Förderungsinitiative für Frauen of Color beziehungsweise Projekte, die inhaltlich an nicht-weiße Frauen adressiert sind (RAO 2018).

13.2 PRODUKTIONSFIRMEN VON FRAUEN

Immer mehr US-amerikanische Schauspielerinnen gründen Produktionsfirmen oder treten als ausführende Produzentinnen bei Filmen und Serien auf, in denen sie dann auch die Hauptrollen übernehmen. Dies ist im Grunde keine neue Entwicklung, sondern hat in der US-Filmgeschichte quasi Tradition. Schon 1919 gehörte die Schauspielerin Mary Pickford zu den GründerInnen von United Artists, um – wie Geoffrey Macnab in einem Artikel für den *Independent* UK ausführt – eine faire Bezahlung für sich selbst sicherzustellen (MACNAB 2017). Hinter dem aktuellen Trend stehen laut Macnab jedoch noch andere Überlegungen. Mit ihren Produktionsfirmen schaffen sich Schauspielerinnen auch jene Rollen, die in Drehbüchern von männlichen Autoren beziehungsweise Regisseuren oft gar nicht erst entstehen und setzen einen Schwerpunkt auf weibliche Inhalte. Ein weiterer Aspekt kommt in einer Diskussion des *Hollywood Reporter*s mit mehreren Serien-Darstellerinnen zur Sprache, die auch als Produzentinnen ihrer Formate auftreten (THR STAFF 2018). Hier erklärt unter anderem Maggie Gyllenhaal, dass sie in ihrer Doppelrolle als Schauspielerin und Produzentin der Serie *The Deuce* mehr Kontrolle über die eigenen Nackt- und Sexszenen ausüben könne.

Macnab erwähnt jedoch auch, dass diese Doppelrolle der Darstellerinnen/Produzentinnen auch Risiken birgt, da das Überleben ihres Unternehmens meist untrennbar mit der Popularität der Gründerin verknüpft ist. Lässt deren beruflicher Erfolg als Schauspielerin nach, ist meist auch die Produktionsfirma gefährdet (MACNAB 2017).

HELLO SUNSHINE UND REBEL PACK

Eines der prominentesten Beispiele für von Schauspielerinnen gegründete Produktionsfirmen ist »Hello Sunshine« von Reese Witherspoon. Die Firma konzentriert sich voll und ganz auf weibliche Erzählungen. Wie im Juli 2018 bekannt wurde, wird es außerdem auf den VOD-Plattformen von AT&T einen »Hello Sunshine«-Kanal geben, auf dem sich AbonnentInnen zwei Reality-Serien aus Witherspoons Produktionen ansehen können (GOLDBERG 2018).

Die Webseite von »Hello Sunshine« selbst geht über audiovisuelle Inhalte sogar hinaus und bietet sowohl einen Buchclub wie auch einen Podcast an und inszeniert Witherspoon nicht nur als Vertreterin des Unternehmens, sondern vor allem als Gesicht der Marke. »Hello Sunshine« ist im Übrigen nicht die erste von Reese Witherspoon gegründete Produktionsfirma. Die Schauspielerin steht unter anderem auch hinter Pacific Standard, mit der sie Filme wie *Gone Girl* und *Wild – Der große Trip* produzierte. In Letzterem spielte sie zudem die Hauptrolle. Ebenfalls die Hauptrolle in einem von ihr produzierten Film übernahm Charlize Theron in *Atomic Blonde*. Hinter der actionlastigen Comicverfilmung verbirgt sich ihre Produktionsfirma Denver & Delilah Productions, von der Therons Partnerin Beth Kono sagt, sie konzentriere sich auf »female-centric stories about complicated women« (SETOODEH 2017).

Auch Gemma Arterton gründete ihre Produktionsfirma Rebel Pack unter anderem mit der Absicht, Zugang zu einem größeren Rollenspektrum zu erlangen. In einem Interview mit *IndieWire* erklärte sie, dass ihr für viele interessante Projekte schlicht und einfach der entsprechende Promi-Faktor fehle – eine Hürde, die bei eigenen Produktionen wegfalle. Gleichzeitig erwähnt sie auch ein Interesse an weiblichen Narrativen und den Wunsch, Regisseurinnen und Drehbuchautorinnen eine Bühne zu geben (NIGEL M. SMITH 2013).

Eine produzierende Schauspielerin, die sich – zumindest nach eigener Aussage – primär für eben jenen Aspekt der Diversität hinter der Kamera interessiert, ist die bereits erwähnte Queen Latifah. Mit ihrer Initiative »Queen Collective« möchte sie zukünftig Projekte von Filmemacherinnen unterstützen und damit die weiblichen Stimmen in Hollywood stärken (RUSSIAN 2018).

Neben den hier aufgezählten gibt es zahlreiche weitere Hollywood-Darstellerinnen, die im Laufe ihrer Karrieren auch als Produzentin aufgetreten sind oder es noch immer tun. Darunter Jodie Foster (Egg Pictures), Sandra Bullock (Fortis Films), Jennifer Lopez (Nuyorican Productions), Milla Jovovich (Creature Entertainment), Hilary Swank (2S Films) und viele, viele mehr.

SHONDALAND

Auch wenn Shonda Rhimes nicht als Schauspielerin begann und dann hinter die Kamera wechselte, sondern direkt dort einstieg, darf die erfolgreiche Drehbuchautorin und Produzentin in dieser Aufzählung nicht fehlen. Rhimes Siegeszug begann mit der Serie *Grey's Anatomy* und setzte sich mit dem Spin-Off *Private Practice* fort. Auch ihre Produktionen *How To Get Away With Murder* und *Scandal* waren und sind enorm erfolgreich. All diesen Serien ist nicht nur der große Frauenanteil am Hauptcast gemeinsam, sondern auch die starke Repräsentation von People of Color. Rhimes und ihre Produktionsfirma Shondaland schaffen neue Narrative, in den Frauen und People of Color nicht nur zahlenmäßig eine ihres tatsächlichen Anteils an der Bevölkerung entsprechende Repräsentation erfahren, sondern sich auch auf inhaltlicher Ebene von etablierten Stereotypen entfernen. Wie beispielsweise Arielle Bernstein für den *Guardian* darlegt, steht die berufliche Passion der weiblichen Seriencharaktere auffällig stark im Fokus der Shondaland-Produktionen (BERNSTEIN 2018).

Shonda Rhimes trägt mit ihrer Produktionsfirma maßgeblich zu mehr Diversität im US-amerikanischen Fernsehen bei. Dabei ist hervorzuheben, dass ihre Serien vornehmlich in Zusammenarbeit mit der ABC, also einer öffentlichen Fernsehanstalt, und nicht für Pay-TV-Kanäle oder kostenpflichtige VoD-Plattformen entstehen.

13.3 FEMINISTISCHE ONLINE-MEDIEN

Der rege feministische Diskurs zu Film und Fernsehen ist in den USA auch auf jene Online-Medien zurückzuführen, die sich dem Thema seit Jahren intensiv und mit großer Professionalität verschreiben. Und das nicht erst seit Kurzem: Der Blog *Women and Hollywood* ging 2007 online und die erste Printausgabe des *Bitch Magazine* erschien bereits in den 1990er-Jahren.

Die mit Sicherheit bekannteste englischsprachige Webseite zu Frauen in der Filmindustrie ist das von Melissa Silverstein ins Leben gerufene

Online-Magazin *Women and Hollywood*, das sich vornehmlich aktuellen Themen und Ereignissen widmet, von Festivals berichtet sowie Filme und Regisseurinnen vorstellt. *Women and Hollywood* war unter anderem fünf Jahre lang ein Teil des größeren IndieWire Blog Networks, einer der wichtigsten US-amerikanischen Online-Plattformen zu Film und Fernsehen. So stellte die Berichterstattung über Frauen in der Filmbranche schon frühzeitig einen integralen Bestandteil der auf *IndieWire* stattfindenden Auseinandersetzung mit dem Medium Film dar.

Seit der Auflösung des IndieWire Blog Networks im Jahr 2016 läuft *Women and Hollywood* stärker unter eigener Flagge – mit über 17.000 Facebook-Fans und mehr als 70.000 Twitter-FollowerInnen. Die Webseite umfasst nicht mehr nur klassische Bloginhalte wie Newsartikel, Interviews und Filmkritiken, sondern auch Statistiken und Infografiken. Zu den zur Verfügung gestellten Ressourcen gehört darüber hinaus auch eine Liste von Filmkritikerinnen, mit der weibliche Stimmen auch in diesem Bereich gestärkt werden sollen. Außerdem bietet *Women and Hollywood* beratende Tätigkeiten an – immer mit dem Ziel, Frauen in der Filmbranche sichtbarer zu machen.

Bitch Media wiederum startete 1996 zwar als Printmagazin mit einer bescheidenen Auflage von nur 300 Exemplaren, ist aber inzwischen in erster Linie für seinen Online-Auftritt bekannt. Über 350.000 Menschen verfolgen die Aktivitäten des Magazins allein auf Facebook. Der Fokus von *Bitch Media* ist dabei deutlich breiter als der von *Women and Hollywood* und umfasst ein weites Spektrum an popkulturellen Erzeugnissen. Auch handelt es sich nicht um Nachrichtenberichterstattung zu Neuigkeiten aus der Filmwelt, sondern größtenteils um analytische Essays, die sich Filmen, Comics, Büchern und dergleichen aus einer dezidiert queerfeministischen Perspektive annehmen. Eben jene Perspektive findet inzwischen Ausdruck in zwei verschiedenen Podcasts und auch die Printversion des Magazins existiert nach wie vor. Zusätzlich ist *Bitch Media* an Universitäten aktiv, beispielsweise mit Veranstaltungen zu Feminismus und Popkultur, und vergibt in vierteljährlichem Rhythmus Schreibstipendien.

Noch breiter als der thematische Fokus von *Bitch Media* ist der des Online-Magazins *The Mary Sue*. Auch der Tonfall dieser Webseite unterscheidet sich von den zuvor genannten Medien. Wo *Women and Hollywood* eine, wenn auch klar feministische so doch eher neutralberichterstattende Haltung einnimmt und *Bitch Media* sehr analytisch agiert, ist *The Mary Sue* eine Webseite, die nicht nur informieren, sondern auch Spaß machen soll. Dort finden sich neben Artikeln zu Film und Fernsehen zusätzlich sogenannte »Geek-Themen«, also Games, Internetphänomene und Technologie im Allgemeinen. Queerfeministische und kritische Texte zu eben jenen Themen wechseln sich mit unterhaltsamen Inhalten ab. Auf *The Mary Sue* ist ebenso Platz für die Berichterstattung zum Harvey Weinstein-Fall wie für »Monday Cute: China Reveals 36 New Baby Pandas for Sheer Enjoyment of Panda Cuteness« (JUSINO 2017). Lachen ist erwünscht.

Women and Hollywood, *Bitch Media* und *The Mary Sue* stellen drei unterschiedliche Herangehensweisen dar, wie Film, Fernsehen und Populärkultur feministisch verhandelt werden können. Insbesondere im englischsprachigen Internet gibt es jedoch darüber hinaus zahlreiche weitere Online-Magazine und Blogs mit einer ähnlichen thematischen Ausrichtung beziehungsweise engerem Fokus, wie beispielsweise *Hollywood's Black Renaissance*, die sich der Gruppe nicht-weißer Frauen in der Filmbranche widmen.

14. EINBLENDEN – ABER WIE?

Unsere Studie hat gezeigt, dass Frauen in fast allen Bereichen von Film und Fernsehen ausgeblendet werden und damit weniger sichtbar und weniger vertreten sind. Nicht nur sind seltener Frauen auf dem Bildschirm und der Kinoleinwand zu sehen, sie sind dazu noch meistens unter 30 Jahre alt. Männer sind die Experten, Moderatoren von Gameshows oder die Sprecher und erklären uns damit die Welt. Männer sind als Experten überrepräsentiert, auch in Themenfeldern, in denen es eigentlich genügend Frauen gäbe. Fernsehen, so ließe sich das Bild von Geschlecht zusammenfassen, ist nach wie vor gekennzeichnet durch die Marginalisierung von Frauen. Die Vielzahl von Fernseh-Kommissarinnen darf nicht darüber hinwegtäuschen, dass die Vielfalt der Entwürfe von Weiblichkeit und Männlichkeit weit hinter der realen Vielfalt zurückbleibt und ausgeblendet wird.

Fernsehen, so scheint es, hinkt also der Wirklichkeit deutlich hinterher und möglicherweise halten die Bilder, die uns das Fernsehen zeigt und die für uns damit eine Fernsehrealität erzeugen, den Fortschritt in Bezug auf Geschlechtergerechtigkeit sogar auf. Dort, wo es an Vielfalt von weiblichen Vorbildern mangelt, wo Frauen nach wie vor viel häufiger im Kontext von Partnerschaft gezeigt werden, wo Frauen nicht als Richterinnen oder Ärztinnen auftreten, dort sind sie auch in unseren Vorstellungen ausgeblendet bzw. stereotypisiert.

Ein Blick ins Kinderfernsehen zeigt eine noch größere Ungleichheit: Auf eine Mädchenfigur kommen drei Jungenfiguren. Auch hier erklären Männer die Welt. Besonders im Bereich der Fantasie fällt auf, dass gezeichnete Tiere und Fantasiefiguren zu 80 bis 90 Prozent männlich sind. Erklärlich ist dies meistens nicht. Die Fantasieräume, die Mädchen angeboten bekommen, sind also viel kleiner und begrenzter als die der Jungen. Gleichzeitig sind die gezeichneten Mädchenfiguren meistens so dünn, dass sie anatomisch gesehen eigentlich nicht möglich sind. Umgekehrt liegen aber drei Viertel der Jungenkörper im natürlichen Bereich. Die Hoffnung, dass die Geschlechter in Zukunft ausgewogener dargestellt werden, lässt sich durch das Kinderfernsehen nicht stützen; eher das Gegenteil ist der Fall.

Was also tun? Wie lässt sich die Situation hinter der Kamera und auf dem Bildschirm verändern, wenn wir davon ausgehen, dass eine gleichberechtigte Sichtbarkeit und Teilhabe von Frauen und Männern das Ziel ist?

Wir weisen in unserer Studie einen klaren Zusammenhang nach zwischen dem Geschlecht der Filmschaffenden und dem, was wir auf dem Bildschirm und der Leinwand sehen. Das heißt, es spielt sehr wohl eine Rolle, ob Redaktion, Regie oder Drehbuch von einer Frau oder einem Mann besetzt werden. Dieser Effekt wird aber nur wirksam, wenn Frauen *allein* entscheiden. Arbeiten Frauen mit Männern im Team, dann agiert dieses Team eher männlich. Die Ergebnisse zeigen auch, dass es strukturimmanente Faktoren sein müssen, die sehr stark wirken, da die Geschlechterverhältnisse bei fast allen Genres, Sendern und Formaten gleich unausgewogen sind.

Maßnahmen für Veränderungen müssen deshalb auf den verschiedensten Ebenen wirksam werden. Sie müssen an den Funktionen hinter der Kamera ansetzen, sie müssen die Inhalte und redaktionellen Entscheidungsprozesse beeinflussen, die sowohl Produktionsstrukturen und Unternehmenskultur betreffen. Das heißt, die Maßnahmen müssen die Sichtbarkeit, die stereotypen Darstellungen und die Produktionsbedingungen verändern.

14.1 MASSNAHMEN ZUR ERHÖHUNG DES FRAUENANTEILS HINTER DER KAMERA

Die meisten bisher erfolgreichen Maßnahmen beziehen sich auf die Erhöhung des Frauenanteils hinter der Kamera. Das betrifft die paritätische Verteilung öffentlicher Gelder wie zum Beispiel bei der deutschen oder europäischen Filmförderung, wenn es um die Besetzung von Regie, Drehbuch und Produktion geht.

Vorreiter ist die schwedische Filmförderung, geleitet von Anna Serner, die seit 2011 erfolgreich den Frauenanteil in den kreativen Teams erhöhte. Dazu zählen die Funktionen Regie, Produktion und Drehbuch. Serner formulierte ihr eindrückliches Ziel, eine paritätische Filmförderung im Jahr 2020 zu erreichen, dem inzwischen die Filmförderungen aus Österreich, England, die pan-europäische Eurimages und seit dem Herbst 2018 auch Frankreich folgen:

»The British Film Institute and other U.K. film organizations, such as Directors UK, plan to further gender equality in film funding with a strategy modeled after the *FiftyFifty by 2020* system first launched in Sweden in 2012. [...] In reality this meant that by the end of the agreement period (2016) the total sum of funding should have been distributed to 50 percent women and 50 percent men, in the professional categories of director, script writer and producer« (SWEDISH FILMINSTITUTE 2017).

Dieses Ziel hat Schweden inzwischen fast erreicht. So lag der Anteil von Frauen in der Regie in den Jahren 2013 bis 2016 bei 49 Prozent, beim Drehbuch bei 44 Prozent und bei den Produzentinnen bei 54 Prozent. Erreicht wurde dies in Schweden durch eine Kombination verschiedener Maßnahmen.

Als erstes wurde eine Liste aller Regisseurinnen, Drehbuchautorinnen und Produzentinnen erstellt, um diese für die Branche sichtbar zu machen. Ein Ergebnis ist die Webseite *Nordic Women in Film* (www.nordicwomeninfilm.com). Diese Maßnahme wurde ergänzt durch Mentoring-Programme und Trainings für Jury-Mitglieder. Als wichtigste Maßnahme zeigt sich, dass ProduzentInnen, die ein Projekt bei der schwedischen Filmförderung einreichen, begründen müssen, warum ihr

Team in Bezug auf Geschlecht nicht ausgewogen ist. Dies allein führte zu einer signifikanten Erhöhung des Frauenanteils.

Auch in Österreich gibt es unter der Verantwortung von Iris Zappe-Heller, der stellvertretenden Direktorin des österreichischen Filminstituts, nun »Gender Incentives« (FILMINSTITUT ÖSTERREICH 2018). Ziel in Österreich ist es, eine Stärkung des »heimischen Filmschaffens insbesondere im künstlerisch anspruchsvollen Bereich der Autor*innenfilm/Festivalpräsenz« zu schaffen, indem mehr verschiedene Geschichten erzählt werden (FILMINSTITUT ÖSTERREICH 2018). Ist ein Projekt in den wesentlichen kreativen Funktionen in Bezug auf Geschlecht paritätisch besetzt, dann bekommen ProduzentInnen für ihr nächstes Projekt 30.000 Euro für die Stoff- und Projektentwicklung bei entsprechendem Frauenanteil.

Eine der zentralen Maßnahmen dafür ist die »Gender-Budgetierung«, mit der der Anteil von Frauen in Projekten zunächst überhaupt festgehalten wird, um so Anreize zu schaffen. Auch in Österreich gibt es Mentoring-Programme, Maßnahmen zur Erhöhung der Sichtbarkeit von Frauen in der Filmindustrie und eine Analyse der Inhalte von Filmen nach dem Bechdel-Wallace-Test.

Frankreichs Filmförderung will ab 2019 mit einem Bonussystem arbeiten. Liegt eine ausgewogene Verteilung von Frauen und Männern in den zentralen Funktionen (Regie, Drehbuch, Produktion, Kamera, Ton, Kostüm, Set-Design und Schnitt) vor, dann gibt es einen 15-prozentigen Bonus. Dafür wird nun auch in Frankreich ein Gender-Monitoring eingeführt und zur Sichtbarkeit des filmischen Erbes von Frauen beigetragen (vgl. LEMERCIER 2018).

Ähnlich geht die europäische Co-Produktionsförderung Eurimages vor, die auch durch ein Bonuspunkte-System die Gleichstellung erfolgreich fördert. Bei Eurimages wird nicht nur Regie, Drehbuch oder Produktion betrachtet, sondern auch der Inhalt der Filme (vgl. CASTRO MARTINEZ 2016). Ziel ist für Eurimages außerdem, nicht nur die Position Regie zu fördern, sondern auch die Produzentinnen, da diese vermehrt mit Regisseurinnen und Drehbuchautorinnen zusammenarbeiten und so auch mehr Frauen auf der Leinwand sichtbar werden.

Auf europäischer Ebene wurde außerdem im September 2017 eine Empfehlung der Ministerkommission des Europarates zu »Gender Equality in the Audiovisual Sector« abgegeben, die die EU-Mitgliedstaaten auffordert, in dem Bereich aktiv zu werden (COUNCIL OF EUROPE 2017). Es bleibt also zu hoffen, dass die verschiedenen Initiativen einen nachhaltigen Wandel in dieser stark durch Vorurteile geprägten Branche bewirken.

Auch wenn es eine Forderung nach gleichwertiger Vergabe in Deutschland schon seit einigen Jahren gibt, wurden hier noch keine einschneidenden Maßnahmen ergriffen. Deutschland konnte sich bisher lediglich auf die genderparitätische Besetzung von Filmförder-Jurys des Bundes einigen, wie dies im Filmfördergesetz von 2017 festgeschrieben wurde. Bonussysteme oder Zielvorgaben gibt es zum Redaktionsschluss dieses Buches im März 2019 bisher weder in Länder- noch Bundesförderungen. Bisher liegen auch keine Gender-Erklärungen oder freiwillige Zielvorgaben der Filmförderer vor.

Fernsehsender und Produktionsgesellschaften haben sich jedoch zu internen freiwilligen Quoten verpflichtet. So will STUDIO HAMBURG unter der Leitung von Michael Lehman bei der Regievergabe für ihre Werke eine 50-prozentige Regisseurinnen-Quote erreichen, und hat diese nach eigenen Angaben im Jahr 2018 erlangt, was sich in den Jahren 2019 und 2020 auf den Bildschirmen zeigen müsste. Das ZDF wiederum hat einen 10-Punkte-Plan aufgestellt, mit dem es eine Erhöhung des Regisseurinnenanteil erreichen will. Die Degeto rief 2015 eine 20-Prozent-Quote für weibliche Regisseurinnen aus, die nach eigenen Angaben erreicht ist und inzwischen auf 40 Prozent erhöht wurde. Auch die MDR Intendantin Karola Wille setzte der ARD auf einem Podium während des Dokfilmfestivals in Leipzig das Ziel einer 40-Prozent-Quote an Regisseurinnen in den nächsten drei Jahren.

14.2 FRAUEN AUF DEN BILDSCHIRM!

Was tun, um die Sichtbarkeit von Frauen auf dem Bildschirm zu erhöhen? Und dies, ohne in künstlerische Prozesse einzugreifen? An manchen

Stellen wird eine Veränderung nicht sofort vorangehen können: Fernseh-, Kinofilme und Serien werden oft zwei bis drei Jahre vor der Ausstrahlung geplant, sodass Maßnahmen, die 2017 getroffen wurden, sich frühestens ab 2019 oder 2020 auf den Bildschirmen zeigen können. Wir werden deshalb erst im Jahr 2020 erneut die Geschlechterrepräsentationen und die Sichtbarkeit von Frauen untersuchen, um potenzielle Veränderungen messen zu können.

Bei der Präsentation unserer Studie in den verschiedenen Redaktionen und Medienorganisationen haben wir erfahren, dass über zahlreiche Maßnahmen diskutiert wird. Die meisten Redaktionen wollen verschiedene Formen des internen Gender-Monitorings durchführen. So gibt es Ideen, schon beim Drehbuchlektorat eine Art Gender-Check einsetzten. Bei diesem soll überprüft werden, ob und wie oft Frauen vorkommen, in welcher Altersgruppe und in welcher Rolle. Andere Redaktionen experimentieren mit dem Bechdel-Wallace-Test, um zu verhindern, dass stereotype Rollenmuster fortgeschrieben werden.

Im Bereich der Information erscheint es leichter und schneller machbar, eine ausgewogene Sichtbarkeit von Frauen zu erreichen. Unsere Ergebnisse zeigen, dass im Bereich der Fernsehinformation 80 Prozent der ExpertInnen Männer sind, und dies auch in Berufsfeldern, in denen genügend Frauen arbeiten und damit als Expertinnen verfügbar wären. Ein Mittel gegen die Unterrepräsentanz von Frauen ist eine explizite Expertinnen-Datenbank. So könnte dem Argument begegnet werden, dass es nicht genügend Frauen gäbe. Will man an dem ungleichen Bild etwas ändern, dann muss offensichtlich mehr Energie in die Anfrage von und in die Suche nach Expertinnen investiert werden. Wenn es zutrifft, dass Frauen häufiger absagen, dann müssen eben mehr Frauen angefragt werden. Umgekehrt – auch das haben wir aus Gesprächen mit FernsehjournalstInnen erfahren – gilt zu hinterfragen, wieso manche etablierte männliche Experten häufig sofort und ohne Zögern zur Verfügung stehen. Mit Sachkompetenz zu speziellen Themen muss das nicht immer einhergehen. Es spricht also einiges dafür, den Prozess der Rekrutierung von Experten und Expertinnen zu überdenken.

Den Weg der Expertinnendatenbank hat z.B. der NDR gewählt. Seit Herbst 2018 will man so dem Ungleichgewicht beggnen, wie

Elke Haferburg, die Direktorin des Landesfunkhauses Mecklenburg-Vorpommern, berichtet. Dass so eine Datenbank erfolgreich sein kann, zeigt die Zeitung *Tagesspiegel*, wo RedakteurInnen mit einer expliziten Expertinnendatenbank arbeiten. Dies führt zu einer ausgewogeneren Erwähnung von Frauen in den Texten auf der Webseite, wie das schwedische Monitoring Tool Prognosis regelmäßig feststellt (prognosis.se). Auch RTL baut nach eigenen Angaben eine Expertinnendatenbank auf (vgl. BEISEL 2018). Soweit die beispielhaften, aber keineswegs vollständigen möglichen Maßnahmen.

Bei fiktionalen Inhalten bietet das Besetzungstool Neropa für Nebenrollen und kleinere Rollen neue Möglichkeiten. Das von der Schauspielerin Belinde Ruth Stieve entwickelte Tool wirkt darauf hin, dass Rollen, in denen das Geschlecht für den Fortlauf der Geschichte unerheblich beziehungsweise neutral ist, wie bei Kellnern, Kassieren oder Taxifahrern, abwechselnd mit jeweils einer Frau und einem Mann besetzt werden. Denn unsere Zahlen zeigen, dass auch bei diesen Nebenrollen Männer doppelt so oft vorkommen wie Frauen. Anstatt einer Oma auf dem Spielplatz erfinden die DrehbuchautorInnen offensichtlich zu häufig den Opa. Das Beispiel verweist exemplarisch auch auf die dramatische Alterslücke von Darstellerinnen auch in der Fiktion. Mit einer neutralen Rollen-Parität (NeRoPa) würde sich dies ändern (neropa.stieve.com).

»Just add five«, schlug die amerikanische Forscherin Stacy Smith in einem TED-Talk 2016 vor. Wenn jede DrehbuchautorIn einfach jedes Mal aus fünf sprechenden Männerrollen fünf sprechende Frauenrollen machen würde, dann wäre in wenigen Jahren eine Rollenparität in Kino und Fernsehen erreicht (vgl. PIEPER 2016).

Gespannt sind wir, wie das Kinderfernsehen in Deutschland der Ungleichheit beggnen will. Aktuell sind die verschiedenen »Checker«-Formate des BAYERISCHEN RUNDFUNKS für den KIKA in der Kritik. Hier erklären jeweils drei männliche Checker die Welt. Dafür waren diese für die »Saure Gurke« der Medienfrauen 2018 nominiert. Die Welt des informativen KIKA-Kinderfernsehen skizziert Kleen treffend:

»Von Fritz Fuchs (*Löwenzahn*) über *Willi Wills Wissen* bis hin zu *Checker Tobi*, der im Wechsel mit Checker Can oder Checker Julian Fragen beantwortet – von einer Checkerin fehlt jede Spur, weit und breit darf keine Frau durch Wissen und Intellekt überzeugen. Das Entdeckermagazin *Pur Plus* moderiert ein Eric, *Erde an Zukunft* ein Felix« (KLEEN 2018).

Im Kinderfernsehen könnten kurzfristig durch mehr Erklärerinnen die weiblichen Vorbilder gestärkt werden.

Beim fiktionalen Bereich der international produzierten Serien hören wir oft das Argument, dass man auf den internationalen Markt angewiesen sei und wenig Einfluss auf die Produktionen hätte. Dies mag für einen Teil der lizensierten Programme zutreffen, nichtsdestotrotz sind auch deutsche Fernsehsender in einem nicht unerheblichen Maß an der Kinderprogrammproduktion weltweit beteiligt und könnten gegensteuern. Das deutsche Kinderfernsehen hinkt nämlich im internationalen Vergleich deutlich hinterher, es gibt mehr Mädchenfiguren in den USA und die meisten in Kuba (vgl. GÖTZ et al. 2018). In Deutschland nehmen wir den siebten von insgesamt acht Plätzen ein. In anderen Ländern scheint ein ausgewogener Programmeinkauf also möglich zu sein.

14.3 AUFBRECHEN VON STEREOTYPEN ROLLENMUSTERN

Das langfristige und durch verschiedene Maßnahmen erreichbare Ziel wäre, die stereotypen Rollenmuster und den »Unconscious bias« aufzubrechen, der in den Medien und in der Kulturindustrie vorherrscht. Mit »unconscious bias« werden die unbewussten Vorurteile, die sowohl Frauen als auch Männern zugeschrieben werden, bezeichnet. Für künstlerische Berufe bedeutet dies beispielsweise, dass Genius, Vision und Kreativität mit Männern verbunden werden – Fleiß, Fürsorge und Organisationstalent dagegen mit Frauen (vgl. LESLIE et al. 2015). Wir alle haben dies verinnerlicht und den meisten von uns ist gar nicht bewusst, dass wir dementsprechend Menschen bewerten und uns entsprechend verhalten.

Ein Beispiel, wie der »unconscious bias« wirkt und wie dem begegnet werden kann, ist das Vorspielen für klassische Musikorchester. Bis in die 1990er-Jahre waren klassische Sinfonie-Orchester überwiegend, das heißt zu 95 Prozent, mit männlichen Musikern besetzt, obwohl an den Musikakademien und Musikhochschulen gleich viele Frauen wie Männer studierten. In einem Experiment versuchte das Boston Sinfonie

Orchester dem entgegenzuwirken. Es ließ die MusikerInnen zuerst hinter einem Vorhang – und dann hinter einem Vorhang und auf Strümpfen – vorspielen. Erst wenn eine wirkliche »blind audition« stattfand, und Frauen sich nicht durch die Schrittgeräusche ihrer Schuhe verrieten, wurden annähernd gleich viele Frauen (40%) wie Männer ausgewählt (vgl. GOLDIN/ROUSE 2000).

Dieses Beispiel zeigt auch, dass die Vorstellung, es gehe nicht um Geschlechterfragen, sondern nur um künstlerische Qualität, kritisch zu hinterfragen ist.

Um dem »unconscious bias« in der Filmindustrie zu begegnen, gibt es nun verschiedene Maßnahmen. Eine Möglichkeit ist, schon an Filmausbildungsstätten anzusetzen und ungerechten Strukturen entgegenzuwirken. Das Positionspapier der deutschen Filmuniversitäten »Gemeinsam für Gender-Gerechtigkeit« ist ein Schritt in diese Richtung. Zu den Maßnahmen gehören unter anderem die Stärkung des gendersensiblen Erzählens und die Erhöhung der Anzahl an Professorinnen. Bei der Stärkung weiblicher Studierenden setzt das Programm »Into The Wild – hochschulübergreifendes Mentoring-Programm für Studentinnen und Absolventinnen« an (FILMUNIVERSITÄT BABELSBERG).

Die Harvard-Verhaltensökonomie-Professorin Iris Bohnet weist jedoch darauf hin, dass Maßnahmen nicht funktionieren, die sich zu sehr auf Frauen konzentrieren, also diese schulen, mit Mentoring-Programmen versehen und sie zum Netzwerken animieren (vgl. ANKERSEN/BERG 2018). Ihrer Meinung nach müssen Industrien und Unternehmen ihre Strukturen so ändern, dass viele Entscheidungen geschlechterblind getroffen werden, denn nur dann kann der »unconscious bias« überwunden werden.

14.4 ZUM SCHLUSS

Was also tun, wenn Maßnahmen wie Mentoring-Programme nicht zu einer Veränderung führen – wie können festgefahrene Strukturen verändert werden? Bei der Filmförderung in Deutschland geht es um die Verwendung öffentlicher Gelder, sodass die Forderung nach Vergabe ohne »unconscious bias« gerechtfertigt ist. Der öffentlich-rechtliche Rundfunk als gebührenfinanzierter Rundfunk ist ebenfalls all seinen Gebührenzahlern und Gebührenzahlerinnen verpflichtet und auch privat-kommerzielle Unternehmen können wir an Artikel 3 unseres Grundgesetzes erinnern, in dem steht, »Männer und Frauen sind gleichberechtigt«.

Es lohnt wieder ein Blick zu unseren europäischen Nachbarn: In einer vergleichenden Studie untersuchte die Hertie School of Governance, welche Maßnahmen erfolgreich zu einer Geschlechtergerechtigkeit in Kultur und Medien führen. Es zeigt sich eindeutig, dass »die Topetagen der Kultur- und Medienlandschaft resistent sind, wenn auf gutes Zureden und Freiwilligkeit gesetzt wird«, wie es Carlos Collado Seidel, Generalsekretär des PEN, festhält (COLLADO SEIDEL 2018). Nur gesetzliche Vorgaben und festgeschriebene Quotenregelungen führen zu einer nachhaltigen Veränderung (vgl. ANHEIER 2017).

Fazit: Wenn wir Frauen und Vielfalt auf den Bildschirmen einblenden wollen, damit wir unsere Gesellschaft auch realistisch und fortschrittlich abbilden, dann müssen wir zu konkreten Maßnahmen kommen.

LITERATUR

5050X2020 (2018). *Cannes Statement.* http://5050x2020.fr/docs/5050x2020-Cannes-Statement.pdf [03.08.2018]

5050X2020. http://www.5050x2020.fr/en [03.08.2018]

AGF ARBEITSGEMEINSCHAFT FERNSEHFORSCHUNG (2015). *Fernsehmarktanteile für 2015.* www.agf.de/daten/tvdaten/marktanteile/ [02.02.2016]

AGF ARBEITSGEMEINSCHAFT VIDEOFORSCHUNG (2018). *Sehbeteiligung 2017.* https://www.agf.de/daten/tvdaten/sehbeteiligung/ [02.08.2018]

Aktuelle Stunde. WDR vom 12.07.2017, 18.45 Uhr, ca. 45 Min.

AMANN, SUSANNE (2017). Ich fand mich nie hübsch. In: *Der Spiegel*, 28, 2017, S. 84 - 86

ANDERSON, HANAH; DANIELS, MATT (2016). Film Dialogue from 2,000 Screenplays, Broken Down by Gender and Age. In: *Polygraph*, 1, 2016. http://polygraph.cool/films/index.html [10.04.2016]

ANHEIER, HELMUT K. (2017). *Frauen in Kultur und Medien. Eine Studie der Hertie School of Governance im Auftrag der Bundesbeauftragten für Kultur und Medien.* https://www.hertie-school.org/fileadmin/2_Research/2_Research_directory/Research_projects/Women_in_media_culture/Frauen_in_Kultur_und_Medien-Europa_Final.pdf [11.11.2018]

ANKERSEN, WIEBKE; BERG, CHRISTIAN (2018). Zwei Fragen an Prof. Iris Bohnet: Wie schafft ein Unternehmen ein Umfeld, in dem alle faire Chancen haben? In: ANKERSEN, WIEBKE; BERG, CHRISTIAN (Hrsg.): *Die Macht der Monokultur. Allbright Bericht September 2018.* https://static1.squarespace.com/static/56e04212e707ebf17e7d7cd2/t/5bb14034652dea8b18db8414/1538342978124/Allbright+Bericht_September+2018_klein.pdf [31.03.2019]

ANNENBERG INCLUSION INITIATIVE. https://www.facebook.com/AnnenbergInclusion [03.08.2018]

ANNENBERG INCLUSION INITIATIVE. https://annenberg.usc.edu/research/aii [03.08.2018]

AYLETT, HOLLY 2016. *Where are all the women directors? Report on gender equality for directors in the European film industry.* European Women's Audiovisual Network, Strasbourg. https://www.ewawomen.com/gender-inequality-in-the-film-industry-2/ [02.10.2018]

BANKS, MIRANDA J. (2009). *Gender below-the-line. Defining feminist production studies.* In: MAYER, VICKI; BANKS, MIRANDA J.; CALDWELL, JOHN T. (Hrsg.): *Production studies. Cultural studies of media industries.* New York: Routledge, S. 87-98

BECKER, LINDA (2017). Frauen sind hübsch, Männer sind klug. In: BR *Puls* vom 13.07.2017. https://www.br.de/puls/themen/leben/geschlechterrollen-im-tv-furtwaengler-kommentar-100.html [02.08.2018]

BEISEL, KAROLINE META (2018). Geschlechterbild im TV: Auf jede Frau kommen zwei Männer. In: *Süddeutsche Zeitung* vom 02.07.2018. https://www.sueddeutsche.de/medien/geschlechter-im-tv-angezaehlt-1.4034972 [26.10.2018]

BERGMANN, FRANZISKA; SCHÖSSLER, FRANZISKA; SCHRECK, BETTINA (2012). *Gender Studies.* Bielefeld: Transkript

BERNSTEIN, ARIELLE (2018). Women who work. How Shonda Rhimes' TV shows excel in the workplace. In: *The Guardian* vom 14.03.2018. https://www.theguardian.com/tv-and-radio/2018/mar/14/women-who-work-how-shonda-rhimes-tv-shows-excel-in-the-workplace [04.08.2018]

BERRES, IRENE; WEBER, NINA (2018). Sterben Frauen häufiger, wenn sie von Männern behandelt werden? In: *Spiegel Online* vom 08.08.2018. http://www.spiegel.de/gesundheit/ernaehrung/

herzinfarkt-sterben-frauen-haeufiger-wenn-sie-von-maennern-behandelt-werden-a-1221597.html [01.11.2018]
BFFS BUNDESVERBAND SCHAUSPIEL E.V. (2016). *Frauen im deutschen Fernsehen – Faktencheck Teil I: Vergütung.* www.bffs.de/2016/07/10/frauen-im-deutschen-fernsehen-faktencheck-teil-i-verguetung/ [02.10.2018]
BFFS BUNDESVERBAND SCHAUSPIEL E.V. (2017). *Bericht über unseren Stehempfang anlässlich der Berlinale am 14.02.2017.* https://www.bffs.de/2017/03/16/bericht-ueber-unseren-stehempfang-anlaesslich-der-berlinale-am-14-2-2017-in-kooperation-mit-dem-bundesfamilienministerium/ [02.10.2018]
BFI FILMOGRAPHY. https://filmography.bfi.org.uk/ [02.08.2018.]
BITCH MEDIA. https://www.bitchmedia.org/ [04.08.2018]
BLEAKLEY, AMY; JAMIESON, PATRICK E.; ROMER, DANIEL (2012). Trends of sexual and violent content by gender in top-grossing U.S. films, 1950-2006. In: *Journal of adolescent health*, 51 (1), 2012, S. 73 - 79
BOEHLE, MARGA (2017). 1:2 statt unentschieden. In: *Blickpunkt Film* vom 24.07.2017, S. 41 - 43
BRAKEBUSCH, LYDIA *(2015).* Schauspielerinnen über 40 – Wie verhext. In: *Der Tagesspiegel* vom 01.02.2015. https://www.tagesspiegel.de/weltspiegel/sonntag/schauspielerinnen-ueber-40-wie-verhext/11306374.html [05.11.2018]
BRAUN, CHRISTINA VON; STEPHAN, INGE (Hrsg.) (2013). *Gender@Wissen. Ein Handbuch der Gender-Theorien.* Köln: Böhlau/UTB
BRIGITTE (2017). Frauen im TV: 5 niederschmetternde Fakten. In: *Brigitte* vom 12.07.2017. www.brigitte.de/aktuell/gesellschaft/frauenbild-im-tv---5-niederschmetternde-fakten-10941972.html [02.08.2018]
BROSIUS, HANS-BERND; GÖTZ, MAYA (2008). *Children's television worldwide. Gender representation in Germany.* Forschungsbericht. http://childrens-tv-worldwide.com/#genderrepresentation [09.10.2017]
BURGMER, ANNA (2017). Männer dominieren Kino und TV. Frauen sind nur in Daily Soaps und Telenovelas angemessen vertreten. In: *Kölner Stadtanzeiger* vom 13.07.2017

BURKART, BETTINA (2017). Herbsttreffen 2017: Verleihung des Negativpreises »Saure Gurke« 2017. Laudatio im Wortlaut. In: *Deutsche Welle* vom 18.11.2017. https://www.dw.com/de/verleihung-des-negativpreises-saure-gurke-2017-laudatio-im-wortlaut/a-41439681 [18.10.2018]

BURMESTER, SILKE (2017). Frauenkörper im TV: Kamelmarkt 2017. In: *Süddeutsche Zeitung* vom 26.07.2017. www.sueddeutsche.de/medien/frauenkoerper-im-tv-kamelmarkt-1.3602546 [02.08.2018]

BUSCH, ANITA (2018). CAA Launches Amplify Database for TV Writers of Color. In: *Deadline* vom 28.07.2018. https://deadline.com/2018/06/caa-launches-amplify-database-tv-writers-of-color-diversity-1202418871/ [03.08.2018]

BUTLER, JUDITH (2003). *Das Unbehagen der Geschlechter*. Frankfurt/M.: Suhrkamp

BUNDESVERBAND REGIE E.V.; RUN, MARGRET; PROMMER, ELIZABETH (2017). *Vierter Regie-Diversitätsbericht des Bundesverband Regie e.V. (BVR) für das Jahr 2016. Genderanalyse zur Regievergabepraxis in deutschen fiktionalen Primetime-Programmen von ARD, ZDF, RTL, SAT.1 und VOX sowie in deutschen Kinospielfilmen*. Berlin

CASTRO MARTINEZ, ISABELL (2016). Why gender equality matters to Eurimages, the European Film Co-Production Fund. In: *European Journal of Women's Studies*, 23(4), S. 440-446

CENTER FOR THE STUDY OF WOMEN IN TELEVISION AND FILM. https://womenintvfilm.sdsu.edu/ [03.08.2018]

COLLADO SEIDEL, CARLOS (2018). Unerhört. In: *Süddeutsche Zeitung* vom 13.10.2018

CRENSHAW, KIMBERLÉ (1989). Demarginalizing the Intersection of Race and Sex. A Black Feminist Critique of Antidiscrimination Doctrine, Feminist Theory and Antiracist Politics. In: *University of Chicago Legal Forum* 1, 1989, Article 8. http://chicagounbound.uchicago.edu/uclf/vol1989/iss1/8 [02.10.2018]

COUNCIL OF EUROPE (2017). *Aiming for 5050 by 2020. Gender Equality in the Audiovisual Sector – a new Council of Europe Recommendation*. Brussels. https://rm.coe.int/gender-equality-in-the-audiovisual-sector-a-new-council-of-europe-reco/1680789385 [20.03.2019]

CRENSHAW, KIMBERLÉ (1991). Mapping the Margins. Intersectionality, Identity Politics, and Violence against Women of Color. In: *Stanford Law Review*, 43 (6), S. 1241 - 1299

DE ANDRÉS, YVONNE (2017a). SchspIN – Gedanken einer Schauspielerin. Belinde Ruth Stieve im Interview mit Aviva-Berlin. In: *Aviva* vom 19.07.2017. https://www.aviva-berlin.de/aviva/content_Interviews.php?id=1419684 [02.08.2018]

DE ANDRÉS, YVONNE (2017b). Aviva-Berlin befragt Barbara Rohm vom Vorstand Pro Quote Regie zur Studie Audiovisuelle Diversität? Geschlechterdarstellungen in Film und Fernsehen in Deutschland. In: *Aviva* vom 22.07.2017. https://www.aviva-berlin.de/aviva/content_Interviews.php?id=1419691 [02.08.2018]

DECKER, KERSTIN (2017). Frauen und Männer im TV. Der absolute Loser ist ein Mann. In: *Der Tagesspiegel* vom 29.07.2017. https://www.tagesspiegel.de/medien/frauen-und-maenner-im-tv-der-absolute-loser-ist-ein-mann/20123802.html [02.08.2018]

DER TAGESPIEGEL (2015). Schauspielerinnen über 40: Wie verhext. In: *Der Tagesspiegel* vom 01.02.2015. https://www.tagesspiegel.de/weltspiegel/sonntag/schauspielerinnen-ueber-40-wie-verhext/11306374.html [05.11.2018]

DESTATIS (Statistisches Bundesamt) (2016). *Frauenanteil in Professorenschaft 2015 auf 23 % gestiegen.* https://www.destatis.de/DE/PresseService/Presse/Pressemitteilungen/2016/07/PD16_245_213.html [01.10.2018]

DESTATIS (Statistisches Bundesamt) (2018). *Erwerbstätigkeit von Frauen: Deutschland mit dritthöchster Quote in der EU.* https://www.destatis.de/Europa/DE/Thema/BevoelkerungSoziales/Arbeitsmarkt/ArbeitsmarktFrauen.html [02.10.2018]

DÖVELING, KATRIN; KICK, ISABEL (2015). Die Frau in der Serie. Küche und Karriere: Alles easy oder ein Drahtseilakt? In: PROMMER, ELIZABETH; SCHUEGRAF, MARTINA; WEGENER, CLAUDIA (Hrsg.): *Medien – Gender – Screens.* Konstanz: UVK, S. 39 - 64

DRÜEKE, RICARDA; KLAUS, ELISABETH; THIELE, MARTINA; GOLDMANN, JULIA ELENA (2017) (Hrsg.). *Kommunikationswissenschaftliche Gender Studies. Zur Aktualität kritischer Gesellschaftsanalyse.* Bielefeld: Transcript

DUFF, SEAMUS (2017). BBC face furious sexist backlash after announcing Jodie Whittaker as first female Doctor Who. In: *Mirror* vom 16.07.2017. https://www.mirror.co.uk/tv/tv-news/doctor-who-jodie-whittaker-reaction-10811248 [03.08.2018]

EDER, JENS (2014). *Die Figur im Film. Grundlagen der Figurenanalyse.* Marburg: Schüren

EDITION F REDAKTION (2017). Maria Furtwängler: »Wir müssen uns der Macht von Bildern bewusst sein«. In: *Edition F* vom 13.07.2017. https://www.editionf.com/MaLisa-Studie-Diversitaet-TV-Furtwaengler [02.08.2018]

EIE, BIRGIT (1998). *Wer spricht im Fernsehen? Eine vergleichende Untersuchung zur Repräsentanz von Frauen im Fernsehprogramm.* Oslo: NRK

EISENBEIS, SARAH ANNE (2017). *Weiblichkeit auf der Leinwand. Über die Darstellung und Präsenz weiblicher Figuren im deutschen Kino.* Unveröffentlichte Masterarbeit an der Universität Rostock

ENGEL, ESTEBAN (2017). Geschlechterrollen im TV: Starke Männer und verliebte Frauen. In: *Schweriner Volkszeitung* vom 13.07.2017. https://www.svz.de/deutschland-welt/kultur/starke-maenner-und-verliebte-frauen-id17288951.html [02.08.2018]

ENGEL, ESTEBAN (2017). Starke Männer und verliebte Frauen – Gender-Studie zu TV und Kino. In: *Frankenpost* vom 14.07.2017. http://www.frankenpost.de/region/feuilleton/Starke-Maenner-und-verliebte-Frauen-Gender-Studie-zu-TV-und-Kino;art6787,5622139 [11.07.2018]

EURIMAGES (2018). *Eurimages and gender equality.* https://rm.coe.int/eurimages-strategy-for-gender-euqality-in-the-european-film-industry/168073286d [05.11.2018]

EXTERNBRINK, ANNE (1992). Nur eine Mutter weiß allein, was lieben heißt und glücklich sein – eine Kritik zur Darstellung der Frau in der Fernsehserie Lindenstraße. In: KNIGGE-TESCHE, RENATE; TOMPERT, HELLA (Hrsg.): *Frauenbilder im Fernsehen. Beiträge und Materialien einer Fachtagung vom 25. bis 27. August 1991 in Augsburg.* Bonn: Bundeszentrale für politische Bildung, S. 73 - 90

FELLNER, SEBASTIAN (2017). *Furtwänglers Schuld: Quotendiskussion im ZDF.* In: *Der Standard* vom 17.07.2017. https://derstandard. at/2000061400428/Furtwaenglers-Schuld-Quotendiskussion-im-ZDF [02.08.2018]

FFA FILMFÖRDERUNGSANSTALT (2018). *Programmkinos in der Bundesrepublik Deutschland und das Publikum von Arthouse-Filmen im Jahr 2017.* https://www.ffa.de/programmkinos-in-der-bundesrepublik-deutschland-und-das-publikum-von-arthouse-filmen-im-jahr-2017.html [05.11.2018]

FILMINSTITUT ÖSTERREICH (2018). *Gender incentives.* https://equality.filminstitut.at/de/ [5.11.2018) und https://www.filminstitut.at/de/gender-incentive/ [20.03.2019]

FILMLÖWIN (2017a). *Die Studie »Audiovisuelle Diversität« – Ist Maria Furtwängler Deutschlands Geena Davis?* In: *Filmlöwin* vom 13.07.2017. <http://www.filmloewin.de/audiovisuelle-diversitaet-ist-maria-furtwaengler-deutschlands-geena-davis/ [01.08.2018]

FILMLÖWIN (2017b). *Antifeminismus im heute journal: Claus Kleber interviewt Maria Furtwängler.* In: *Filmlöwin* vom 19.07.2017. <https://www.filmloewin.de/antifeminismus-im-heute-journal-klaus-kleber-interviewt-maria-furtwaengler/ [01.08.2018]

FILMLÖWIN (2017). *Antifeminismus im heute journal: Claus Kleber interviewt Maria Furtwängler.* In: *Edition F* vom 21.07.2017. <https://editionf.com/antifeminismus-heute-journal-claus-kleber-maria-furtwaengler [02.08.2018]

FLICKER, EVA; VOGELMANN, LENA-LISA (2018). *Österreichischer Film Gender Report 2012 – 2016. Zentrale Ergebnisse.* Wien: Österreichisches Filminstitut

FLR/DPA (2017). *Auf zwei Männer kommt eine Frau: Studie stellt deutschem TV peinliches Zeugnis aus.* In: *Focus* vom 16.07.2017. <https://www.focus.de/familie/news/maria-furtwaengler-stellt-ergebnisse-vor-auf-zwei-maenner-kommt-eine-frau-studie-stellt-deutschem-tv-peinliches-zeugnis-aus_id_7361821.html [02.08.2018]

Focus (2017). Maria Furtwängler: Zu wenige Frauenrollen im Fernsehen. In: *Focus* vom 15.07.2017

FRANKEN, ROBERT (2017). *Das ist ein vielsagendes und augenöffnendes Interview (...)*. Facebook vom 20.7.2017. https://www.facebook.com/robertfranken/posts/10156559576448747 [02.08.2018]

FRATSCHER, MARCEL (2018). Gut gemeint, schlecht ausgeführt. Fratzschers Verteilungsfragen. Gender Pay Gap. In: *Die Zeit* vom 23.03.2018. https://www.zeit.de/wirtschaft/2018-03/gender-pay-gap-lohnunterschiede-frauen-berufe-kosten-gesellschaft [01.10.2018]

FRIESE, JULIA (2017). Nichts ist so hässlich wie Männer im Fernsehen. In: *Die Welt* vom 14.07.2017. https://www.welt.de/vermischtes/article166642172/Nichts-ist-so-haesslich-wie-Maenner-im-Fernsehen.html [02.08.2018]

FURTWÄNGLER, LISA (2018). Facebook Post auf der Webseite der MaLisa Stiftung. https://www.facebook.com/pg/malisastiftung/posts/ [05.11.2018]

GALLAGHER, MARGARET (2005). *Who makes the news? Global media monitoring project 2005*. www.whomakesthenews.org [02.02.2016]

GDIGM GEENA DAVIS INSTITUTE ON GENDER IN MEDIA (2016). *Geena Davis Inclusion Quotient. The Reel Truth: Women Aren't Seen or Heard. An Automated Analysis of Gender Representation in Popular Films*. https://seejane.org/research-informs-empowers/data/ [12.10.2017]

GDIGM GEENA DAVIS INSTITUTE ON GENDER IN MEDIA (2018a). https://seejane.org/ [03.08.2018]

GDIGM GEENA DAVIS INSTITUTE FOR GENDER AND MEDIA AND J. WALTER THOMPSON INTELLIGENCE (2018b). *The »Scully Effect«: I want to believe in STEM*. https://seejane.org/wp-content/uploads/x-files-scully-effect-report-geena-davis-institute.pdf [02.10.2018]

GLAAD MEDIA INSTITUTE. https://www.glaad.org/institute#intro [03.08.2018]

GMMP GLOBAL MEDIA MONITORING PROJECT (2015). *Who makes the news? Global media monitoring project 2015*. www.whomakesthenews.org. [01.10.2018]

GOERTZ, WOLFRAM (2018). Mehr Studentinnen, mehr Angestellte: Die Medizin wird weiblicher. In: *Rheinische Post* vom 13.08.2018. https://rp-online.de/leben/gesundheit/die-medizin-wird-weiblicher_aid-24348455 [05.11.2018]

GOLDBERG, LESLEY (2018). Reese Witherspoon Launching VOD Channel. In: *The Hollywood Reporter* vom 10.07.2018. https://www.hollywoodreporter.com/live-feed/reese-witherspoon-launching-vod-channel-1125282 [03.08.2018]

GOLDIN, CLAUDIA; ROUSE, CECILIA (2000). Orchestrating Impartiality: The Impact of »Blind« Auditions on Female Musicians. In: *The American Economic Review*, 90.4, 2000, S. 715-741

GÖTZ, MAYA (2006). Die Hauptfiguren im deutschen Kinderfernsehen. In: *Televizion*, 1, 2006, S. 4

GÖTZ, MAYA; HERCHE, MARGIT (2013). Wespentaille und breite Schultern. Der Körper der »globalen« Mädchen- und Jungencharaktere in animierten Kindersendungen. In: GÖTZ, MAYA (Hrsg.): *Fernsehheld(inn)en der Mädchen und Jungen. Geschlechterspezifische Studien zum Kinderfernsehen*. München: Kopaed, S. 63-90

GÖTZ, MAYA; HOFMANN, OLE; MENDEL, CAROLINE; LEMISH, DAFNA; SCHERR, SEBASTIAN; GOZANSKY, YUVAL; HUANG, KIRSTEN; PROMMER, ELIZABETH; RUSSO-JOHNSON, COLLEEN; SANABRIA, EILEEN; WHITAKER, LYNN (2018). Whose story is being told? Results of an analysis of Children's TV in 8 countries. In: *Televizion*, 31, 2018, S. 61-65

GRINDSTAFF, LAURA (2015). Business as usual, American style. Reality tv and the gendered politics of »women's work«. In: PROMMER, ELIZABETH; SCHUEGRAF, MARTINA; WEGENER, CLAUDIA (Hrsg.): *Medien – Gender – Screens*. Konstanz: UVK, S. 183-197

GURK, CHRISTOPH (2018). Wer braucht schon Frauen. In: *Süddeutsche Zeitung* vom 01.10.2018, S. 17

HAEMING, ANNE (2017). Geschlechterrollen im TV: Eigentlich alles wie 1975. In: *Spiegel Online* vom 12.07.2017. http://www.spiegel.de/kultur/tv/geschlechterrollen-im-tv-eigentlich-alles-wie-1975-a-1157443.html [02.08.2018]

HAGEMANN-WHITE, CAROL (1984). *Sozialisation: Weiblich – männlich?* Opladen: Leske + Budrich

HANNEMANN, MAHELIA (2016). *Accept Diversity! Accept Equality? Eine analytische Untersuchung des Anspruchs und der Realität von*

Gleichstellung in der Filmindustrie mit Hinblick auf die Funktion des internationalen Filmfestivals Berlinale. Frankfurt/M.: Peter Lang
HARK, SABINE (2005). Queer Studies. In: BRAUN, CHRISTINA V.; STEPHAN, INGE (Hrsg.): *Gender@Wissen. Ein Handbuch der Gender-Theorien*. Köln: Böhlau/UTB, S. 285 - 303
HAUBERG, SVEN (2017). Ergebnisse einer neuen Studie: So sexistisch ist das deutsche Fernsehen. In: *Prisma* vom 12.07.2017. https://www.prisma.de/news/Doppelt-so-viele-Maenner-wie-Frauen-So-sexistisch-ist-das-deutsche-Fernsehen,14538655 [02.08.2018]
HAUNHORST, CHARLOTTE (2016). Dalia-Studie zu LGBT-Anteil in der Bevölkerung. So queer ist Deutschland wirklich. In: *jetzt* vom 19.10.2016, https://www.jetzt.de/lgbt/dalia-studie-zu-lgbt-anteil-in-der-bevoelkerung [02.10.2018]
HAZ-REDAKTION (2017). Vor allem Männer an der Macht in Hildesheim? In: *Hildesheimer Allgemeine Zeitung* vom 19.07.2017. https://www.hildesheimer-allgemeine.de/news/article/vor-allem-maenner-an-der-macht-in-hildesheim.html [02.08.2018]
HEISECKE, KARIN; GÖTZ, MAYA (2017). Wie sich das Geschlechterverhältnis im Kinderfernsehen und Vollprogramm verändern kann. Eine Ideensammlung. In: *Televizion*, 30 (2), S. 69-71
HERCHE, MARGIT; GÖTZ, MAYA (2008). *The global girl's body*. In: *Televizion*, 21, 2008, S. 18-19
heute journal vom 12.07.2018, 21:45 Uhr, ca. 29 Min. ZDF
heute vom 12.07.2017, 14:00 Uhr, ca. 15 Min. ZDF
heute vom 12.07.2017, 17:00 Uhr, ca. 11 Min. ZDF
heute vom 12.07.2017, 19:00 Uhr, ca. 10 Min. ZDF/3Sat
HILDEBRANDT, ANTJE (2017). Geschlechter im TV: Ab Mitte 30 haben Frauen im Fernsehen das Nachsehen. In: *welt.de* vom 12.07.2017. https://www.welt.de/vermischtes/article166582184/Ab-Mitte-30-haben-Frauen-im-Fernsehen-das-Nachsehen.html [02.08.2018]
HOCHFELD, KATHARINA; GENZ, KAREN; IFFLÄNDER, VIVIEN; PROMMER, ELIZABETH (2017). *Gender und Film: Rahmenbedingungen und Ursachen der Geschlechterverteilung von Filmschaffenden in Schlüsselpositionen in Deutschland*. Berlin: Filmförderungsanstalt

HOHEIDE, ANNA (2017). Unser Gentleman der Woche: Claus Kleber. In: *Störenfriedas* vom 21.07.2017. https://diestoerenfriedas.de/unser-gentleman-der-woche-claus-kleber/ [02.08.2018]

Hollywoods Black Renaissance. http://hollywoodsblackrenaissance.com/ [07.08.2018]

HUBER, JOACHIM (2017). Studie zur Geschlechterdarstellung in TV und Kino: Männer dominieren, Frauen kommen vor. In: *Der Tagesspiegel* vom 13.07.2017

HUNT, DARNELL (2018). *Hollywood Diversity Report 2018: Five Years of Progress and Missed Opportunities*. Los Angeles: College of Social Sciences, UCLA. https://socialsciences.ucla.edu/wp-content/uploads/2018/02/UCLA-Hollywood-Diversity-Report-2018-2-27-18.pdf [03.08.2018]

JACOBSON, MARIA (2005). *Young people and gendered media messages. The International Clearing House on Children, Youth and Media*. Göteborg: Nordicom. http://www.nordicom.gu.se/sites/default/files/publikationer-hela-pdf/young_people_and_gendered_media_messages.pdf [02.10.2018]

JEITZINER, DENISE (2017). Dominanz am Bildschirm. In: *Der Bund* vom 14.07.2017. https://www.derbund.ch/kultur/fernsehen/mann-erklaert-es-uns/story/21354377 [02.08.2018]

JENKE, MARION (2013). *Berufswege von Alumni einer Filmhochschule: Arbeitsmarktsituation und Spezifika des Studiums*. Wiesbaden: Springer VS

JENKE, MARION (2015). Weibliche Karrieren: Absolventinnen der HFF »Konrad Wolf« und ihre berufliche Situation. In: PROMMER, ELIZABETH; SCHUEGRAF, MARTINA; WEGENER, CLAUDIA (Hrsg.): *Medien – Gender – Screens*. Konstanz: UVK, S. 149 - 160

JOHNSON, TED (2015). Congressman Challenges Film Academy on Lack of Diversity in Oscar Nominees. In: *Variety* vom 17.02.2015. https://variety.com/2015/biz/news/congressman-challenges-film-academy-on-lack-of-diversity-in-oscar-nominees-1201435678/ [03.08.2018]

JUSINO, TERESA (2017). Monday Cute: China Reveals 36 New Baby Pandas for Sheer Enjoyment of Panda Cuteness. In: *The Mary Sue* vom 16.10.2017. https://www.themarysue.com/monday-cute-36-new-baby-pandas/ [04.08.2018]

KARIG, FRIEDEMANN (2017). Frauen kommen in TV und Kino zu kurz. In: *Jetzt* vom 11.07.2017. https://www.jetzt.de/glotzen/sexismus-in-film-und-fernsehen [02.08.2018]

KESSLER, SUZANNE J.; MCKENNA, WENDY (1978). *Gender. An ethnomethodological approach.* New York: Wiley

KETTERER, JOEY (2017). Sexismus fängt schon im Kinderfernsehen an. In: *Broadly* vom 14.7.2017. https://broadly.vice.com/de/article/qvpevv/sexismus-faengt-schon-im-kinderfernsehen-an-mansplaining-studie [02.08.2018]

KG (2017). *Furtwängler präsentiert Studie: Frauen kommen im TV zu kurz.* In: *Bild* vom 12.07.2017. https://www.bild.de/unterhaltung/tv/maria-furtwaengler/frauen-kommen-im-tv-zu-kurz-52529596.bild.html [02.08.2018]

KHATCHATOURIAN, MAANE (2018). Academy Invites Record 928 New Members. In: *Variety* vom 25.06.2018. https://variety.com/2018/film/news/academy-new-members-2018-record-1202856702/ [03.08.2018]

KIENDL, NICOLE (2017). Irgendwas mit Medien – Irgendwas ohne Frauen. In: *Jusos Niederbayern* vom 22.07.2017. http://jusos-nby.de/archive/610 [02.08.2018]

KLAUS, ELISABETH (2005). *Kommunikationswissenschaftliche Geschlechterforschung. Zur Bedeutung der Frau in den Massenmedien und im Journalismus.* Aktualisierte Neuauflage. Opladen/Wiesbaden: Westdeutscher Verlag

KLEBER, CLAUS (2017) (@ClausKleber) »*In eigener Sache (...).*« vom 15.12.2017. https://twitter.com/ClausKleber/status/941609370231681024 [02.08.2018]

KLEEN, HEIKE (2018). *Vielfalt im Kinderfernsehen. Die Sendung mit dem Mann.* In: *Der Spiegel* vom 27.08.2018. http://www.spiegel.de/kultur/tv/vielfalt-im-kinderfernsehen-maenner-die-die-welt-erklaeren-a-1224256.html [05.11.2018]

KNIEF, ALEXANDRA (2017). Ein Anstoß. In: *Weser Kurier* vom 13.07.2017. https://www.weser-kurier.de/deutschland-welt/deutschland-welt-kultur_artikel,-ein-anstoss-_arid,1624524.html [02.08.2018]

KÖSTER, BETTINA (2017). Claus Kleber und die »Saure Gurke«: »Ich war in der Tat nicht auf Augenhöhe mit Frau Furtwängler«. In: *Deutschlandfunk* vom 20.12.2017. https://www.deutschlandfunk.de/claus-kleber-und-die-saure-gurke-ich-war-in-der-tat-nicht.2907.de.html?dram:article_id=406536 [02.08.2018]

KREI, ALEXANDER (2017). Frauenbild im Fernsehen: »Ein unbefriedigender Zustand«. In: DWDL vom 12.07.2017. https://www.dwdl.de/magazin/62361/frauenbild_im_fernsehen_ein_unbefriedigender_zustand/ [02.08.2018]

KRÜGER, UDO MICHAEL; ZAPF-SCHRAMM, THOMAS; JUNG, MARIA (2017). Sendungsformen, Themen und Akteure im Nonfictionangebot von DAS ERSTE, ZDF, RTL und Sat.1. Programmanalyse 2017 (Teil 2). In: *Media Perspektiven*, 5, 2018, S. 242 - 262

KÜCHENHOFF, ERICH; BOSSMANN, WILHELM (1975). *Die Darstellung der Frau und die Behandlung von Frauenfragen im Fernsehen.* Bundesminister für Jugend, Familie und Gesundheit (Hrsg.). Schriften des Bundesministeriums für Jugend, Familie und Gesundheit, Bd. 34. Stuttgart: Kohlhammer

LAPPER, JANA (2016). Alter und Gender im Film. Fickbar bis 40. In: *taz* vom 30.05.2016. http://www.taz.de/!5297731/ [02.10.2018]

LAUZEN, MARTHA M. (2018). *Thumbs Down 2018: Film Critics and Gender, and Why It Matters.* Center for the Study of Women in Television and Film, San Diego State University. https://womenintvfilm.sdsu.edu/wp-content/uploads/2018/07/2018_Thumbs_Down_Report.pdf [03.08.2018]

LEMERCIER, FABIEN (2018). *France announces film industry gender equality measures.* https://www.cineuropa.org/en/newsdetail/360701/ [26.10.2018]

LESLIE, S. J.; CIMPIAN, A.; MEYER, M.; FREELAND, E. (2015). Expectations of brilliance underlie gender distributions across academic disciplines. In: *Science*, 347 (6219), S. 262 – 265

LINKE, CHRISTINE (2016). Identity, Diversity and Difference: An Exploration of the Transmedia Experience of Fashion Reality TV and Social Media. In: RICHTER, CAROLA; DUPUIS, INDIRA;

AVERBECK-LIETZ, STEFANIE (Hrsg.): *Diversity in Transcultural and International Communication.* Münster: LIT, S. 147 - 166

LINKE, CHRISTINE; STÜWE, JULIA; EISENBEIS, SARAH ANNE (2017). Überwiegend unnatürlich, sexualisiert und realitätsfern. Eine Studie zu animierten Körpern im Deutschen Kinderfernsehen. In: *Televizion*, 30, 2017, S. 13 -18

Logo vom 12.07.2017, 19:50 Uhr, ca. 12 Min. KIKA

LÜHMANN, HANNAH (2017). Maria, Claus & Harald: Über Furtwängler und Grütters Frauenzimmer. In: *Emma*, September/Oktober 2017, S. 32 - 34

LUKESCH, HELMUT; BAUER, CHRISTOPH; EISENHAUER, RUEDIGER; SCHNEIDER, IRIS (2004). *Das Weltbild des Fernsehens. Eine Untersuchung der Sendungsangebote öffentlich-rechtlicher und privater Sender in Deutschland.* Band 2: *Theorie – Methode – Ergebnisse. Eine inhaltsanalytische Studie über die Sendungsangebote öffentlich-rechtlicher und privater Sender in Deutschland.* Regensburg: Roderer

LÜNENBORG, MARGRETH (2005). *Journalismus als kultureller Prozess. Zur Bedeutung von Journalismus in der Mediengesellschaft. Ein Entwurf.* Wiesbaden: VS Verlag für Sozialwissenschaften

LÜNENBORG, MARGRETH; LINKE, CHRISTINE; KONRAD, LISA; FRITSCHE KATHARINA; FLECKE, STEFAN (2012). Geschlecht und Ethnizität in audiovisuellen Medien. Methodologische und methodische Herausforderungen intersektionaler Medieninhaltsanalyse. In: MAIER, TANJA; THIELE, MARTINA; LINKE, CHRISTINE (Hrsg.): *Medien, Öffentlichkeit und Geschlecht in Bewegung. Forschungsperspektiven der kommunikations- und medienwissenschaftlichen Geschlechterforschung.* Bielefeld: Transcript, S. 99 - 114

LÜNENBORG, MARGRETH; MAIER, TANJA (2013). *Gender Media Studies. Eine Einführung.* Konstanz: UVK/UTB

MACNAB, GEOFFREY (2017). Actresses and their production companies. How Vikander, Theron, Witherspoon, Portman, Robbie and more are influencing behind the camera as well as in front. In: *Independent* vom 15.07.2017. https://www.independent. co.uk/arts-entertainment/films/features/alicia-vikanderjodie-foster-elizabeth-banks-natalie-portman-margot-robbie-game-of-thrones-maisie-a8055716.html [03.08.2018]

MAYER, JENS (2017). Studie zu Geschlechterdarstellung im TV. Konsens ohne Konsequenzen. In: *taz* vom 13.07.2018. http://www.taz.de/!5426574/ [02.08.2018]

MAYER, VERENA (2017). Mannomann. In: *Süddeutsche Zeitung* vom 13.07.2017

MCNARY, DAVE (2018). Paul Feig Adds Inclusion Rider in Feigco Entertainment Productions. In: *Variety* vom 13.03.2018. https://variety.com/2018/film/news/paul-feig-inclusion-rider-feigco-1202725473/ [03.08.2018]

META-BEISEL, KAROLINE (2018). Geschlechterbild im TV: Auf jede Frau kommen zwei Männer. In: *Süddeutsche Zeitung* vom 02.07.2018. https://www.sueddeutsche.de/medien/geschlechter-im-tv-angezaehlt-1.4034972 [02.08.2018]

MIKOS, LOTHAR (2008). *Film- und Fernsehanalyse*. 2. Auflage. Konstanz: UVK/UTB

MIKOS, LOTHAR (2010). Mediensozialisation als Irrweg – Zur Integration von medialer und sozialer Kommunikation aus der Sozialisationsperspektive. In: HOFFMANN, DAGMAR; MIKOS, LOTHAR (Hrsg.): *Mediensozialisationstheorien*. Wiesbaden: VS Verlag für Sozialwissenschaften, S. 27 - 46

MIOSGA, MARGIT: Frauen in Film und Fernsehen. Erstsendedatum: rbb Kulturradio/Redaktion Zeitpunkte vom 12.08.2017. https://www.kulturradio.de/programm/schema/sendungen/zeitpunkte/archiv/20170812_1704.html [02.08.2018]

MÜLLER, SILKE (2017). Augenschmaus, nie Weltenretter. In: *Stern* vom 12.07.2017, S. 106

MULVEY, LAURA (1975/1985). Visual Pleasure and Narrative Cinema. In: NICHOLS, BILL (Hrsg.): *Movies, and Methods. Volume 2*. Berkley: University of California Press, S. 305 - 315

MULVEY, LAURA (1994). Visuelle Lust und narratives Kino. In: WEISSBERG, LILIANE (Hrsg.): *Weiblichkeit als Maskerade*. Frankfurt/M.: Fischer Taschenbuchverlag, S. 48 - 65

NIGHTINGALE, VIRGINIA (1990). Women as Audiences. In: BROWN, MARY ELLEN (Hrsg.): *Television and Women's Culture. The Politics of the Popular*. London u.a.: Sage, S. 25 - 36

NITOBE, INAZO (1905/2001). *Bushido: The Soul of Japan*. Boston: Turtle Publishing

Nordmagazin vom 10.07.2017, 19:30 Uhr, ca. 30 Min. NDR

Nordmagazin vom 12.07.2017, 19:30 Uhr, ca. 30 Min. NDR

O'CONNOR, Roisin (2018). *Frances McDormand Oscars speech in full: Best Actress winner calls on female actors to demand ›inclusion riders‹*. In: *Independent* vom 05.03.2018. https://www.independent.co.uk/arts-entertainment/films/news/frances-mcdormand-speech-in-full-oscars-2018-best-actress-timesup-inclusion-rider-three-billboards-a8239926.html [03.08.2018]

PIEPER, KATHARINE (2016). *Solutions*. University of Southern California Annenberg School for Communication and Journalism. 03.03.2016. https://annenberg.usc.edu/research/aii/research/solutions [29.10.2018]

POSPIECH, PETER (2018). Qualität kommt von Qual. In: *Forschung & Lehre* 4, 2018, S. 285

PRIESCHING, DORIS (2017). Studienautorin: Claus Kleber ›eher eine kleine Eisscholle‹. In: *Der Standard* vom 12.08.2017. https://derstandard.at/2000062570856/Studienautorin-Claus-Kleber-eher-eine-kleine-Eisscholle [02.08.2018]

PRO QUOTE MEDIEN (2017). *Frauen ab 35 werden im Fernsehen aussortiert*. 12.07.2017. https://www.pro-quote.de/frauen-ab-35-werden-im-fernsehen-aussortiert/ [02.08.2018]

PRO QUOTE REGIE. https://vimeo.com/proquoteregie [02.08.2018]

PRODUZENTENALLIANZ (2017). *Studie: Geschlechterdarstellung in Fernsehen und Film. Initiative MaLisa-Stiftung von Maria Furtwängler*. 13.07.2017. http://www.produzentenallianz.de/presseschau/einzelansicht/article/studie-geschlechterdarstellung-in-fernsehen-und-film-initiative-malisa-stiftung-von-maria-furtwaen.html [02.08.2018]

PROMMER, ELIZABETH (2018). *Effizienz in der Filmförderung des Bundes nach Geschlecht*. Unveröffentlichtes Manuskript. Rostock

PROMMER, ELIZABETH; HOCHFELD, HOCHFELD; GENZ, KAREN; IFFLÄNDER, VIVIEN (2017). *Gender und Fernsehfilm. Eine Studie der Universität Rostock und des Fraunhofer-Instituts im Auftrag von ARD und ZDF.* http://www.ard.de/download/3841216/Gender_und_Fernsehfilm___Eine_Studie_im_Auftrag_von_ARD_und_ZDF.pdf [02.08.2018]

PROMMER, ELIZABETH; LINKE, CHRISTINE (2017). *Audiovisuelle Diversität? Geschlechterdarstellungen in Film und Fernsehen in Deutschland. Kurzbericht.* Rostock. https://www.imf.uni-rostock.de/fileadmin/uni-rostock/Alle_PHF/IMF/Forschung/Medienforschung/Audiovisuelle_Diversitaet/Broschuere_din_a4_audiovisuelle_Diversitaet_v06072017_V3.pdf [02.10.2018]

PROMMER, ELIZABETH; LINKE, CHRISTINE; STÜWE, JULIA (2017). Is the Future Equal? Geschlechterrepräsentationen im Kinderfernsehen. In: *Televizion*, 30, 2017, S. 4 - 10

PROMMER, ELIZABETH; LOIST, SKADI (2015). *Wer dreht deutsche Kinofilme? Gender Report: 2009 - 2013.* Unveröffentlichtes Manuskript. Rostock

PROMMER, ELIZABETH; SCHUEGRAF, MARTINA; WEGENER, CLAUDIA (Hrsg.) (2015). *Gender – Medien – Screens.* Konstanz: UVK

ProSieben Newstime vom 12.07.2017, 18:00 Uhr, ca. 9 Min. PROSIEBEN

PÜHRINGER, JULIA (2018). Sabine Derflinger: Ihre Weiber im TV. In: *Emma* vom 25.01.2018. https://www.emma.de/artikel/sabine-derflinger-zum-mond-geflogen-334939 [02.08.2018]

RAO, SAMEER (2018). Essence and Queen Latifah Unveil $20 Million Fund for Artists of Color. In: *Colorlines* vom 12.07.2018. https://www.colorlines.com/articles/essence-and-queen-latifah-unveil-20-million-fund-artists-color [03.08.2018]

RIEGER, SOPHIE CHARLOTTE (2017a). Eine Schlumpfine ist nicht genug. Frauenfiguren in Film und Fernsehen. In: *Pinkstinks* vom 23.10.2017. https://pinkstinks.de/eine-schlumpfine-ist-nicht-genug-frauenfiguren-in-film-und-fernsehen/ [07.08.2018]

RIEGER, SOPHIE CHARLOTTE (2017b). Warum wir Benjamin Blümchen gendermainstreamen sollten. In: *SagWas* vom

31.07.2017. https://sagwas.net/2017/07/warum-wir-benjamin-bluemchen-gendermainstreamen-sollten/ [02.08.2018]

RIEMANN, CHRISTINE (2017). *Frauen im TV: Claus Kleber lästert im ›Heute Journal‹ über Maria Furtwängler*. In: *Huffington Post* vom 13.07.2017. https://www.huffingtonpost.de/2017/07/13/zdf-claus-kleber-maria-furtwangler-frauen-beruf-lasterei_n_17474084.html [02.08.2018]

RÖHL, WOFLGANG (2017). *Mehr Frauen braucht das Fernsehland*. In: *Achgut* vom 19.07.2017. https://www.achgut.com/artikel/mehr_frauen_braucht_das_fernsehland [02.08.2018]

RTL *Aktuell.* vom 12.07.2017, 18:45 Uhr, ca. 19 Min. RTL

RUSSIAN, ALE (2018). Queen Latifah Launches Queen Collective to Give Female Filmmakers a Chance to Tell Their Story. In: *People* vom 06.07.2018. https://people.com/movies/queen-latifah-launches-queen-collective-female-filmmakers/ [04.08.2018]

Sat.1 Nachrichten vom 12.07.2017, 19:55 Uhr, ca. 10 Min. SAT.1

SCHEER, URSULA (2013). Vom Moppel zum Magermodel. Neue Biene Maja. In: *Frankfurter Allgemeine Zeitung* vom 29.03.2013. http://www.faz.net/aktuell/feuilleton/medien/neue-biene-maja-vommoppel-zum-magermodel-12130119.html [05.10.2017]

SCHEER, UTA (2001). Geschlechterproduktionen in populären Fernsehtexten Oder: Was kann ein weiblicher Captain? In: KLAUS, ELISABETH; RÖSER, JUTTA; WISCHERMANN, ULLA (Hrsg.): *Kommunikationswissenschaft und Gender Studies*. Wiesbaden: Springer VS, S. 103 - 123

SCHNEIDER, SUSANNE (2018). Von der Bildfläche verschwunden. In: *Süddeutsche Zeitung Magazin* vom 17.08.2018, S. 9

SCHRUPP, ANTJE (2017) (@antjeschrupp). *Ich kann schon verstehen, dass* (…). Twitter vom 21.07.2017. https://twitter.com/antjeschrupp/status/888420555132731392 [01.08.2018]

SCHWENDER, CLEMENS (2015). *Geschlechtsspezifische Altersrollen in der Werbung*. In: PROMMER, ELIZABETH; SCHUEGRAF, MARTINA; WEGENER, CLAUDIA (Hrsg.): *Medien – Gender – Screens*. Konstanz: UVK, S. 65 - 82

SETOODEH, RAMIN (2017). Charlize Theron's Boutique Label Gets Behind Risky, Woman-Centric Stories. In: *Variety* vom 11.07.2017.

https://variety.com/2017/film/news/charlize-theron-denver-and-delilah-prods-atomic-blonde-1202489703/ [03.08.2018]

SHARF, ZACK (2018). Trans Actresses Trace Lysette and Jamie Clayton Slam Hollywood After Scarlett Johansson Cast in Transgender Role. In: *IndieWire* vom 04.07.2018. https://www.indiewire.com/2018/07/trace-lysette-jamie-clayton-slam-hollywood-scarlett-johannson-transgender-role-1201981108/ [03.08.2018]

SINGH, DEVENDRA (1993). Adaptive significance of female physical attractiveness. Role of waist-to-hip ratio. In: *Journal of Personality and Social Psychology*, 65 (2), S. 293 - 307

SINGH, DEVENDRA; RENN, PETER; SINGH, ADRIAN (2007). Did the perils of abdominal obesity affect depiction of feminine beauty in the sixteenth to eighteenth century British literature? In: *Proceedings of The Royal Society B: Biological Sciences*, 274, 2007, S. 891 - 894

SINK, ALEXANDER; MASTRO, DANA (2016). Depiction of Gender in Primetime Television: A Quantitative Content Analysis. In: *Mass Communication and Society*, 20 (1), S. 3 - 22

SLANSKY, PETER C. (2011). *Filmhochschulen in Deutschland. Geschichte, Typologie, Architektur*. München: Edition Text + Kritik

SMITH, NIGEL M. (2013). Gemma Arterton On Life After James Bond, the ›Clash of the Titans‹ Nightmare and Why She's a ›Quite a Sexual Person‹. In: *IndieWire* vom 27.06.2013. https://www.indiewire.com/2013/06/gemma-arterton-on-life-after-james-bond-the-clash-of-the-titans-nightmare-and-why-shes-a-quite-a-sexual-person-37263/ [04.08.2018]

SMITH, STACY L.; CHOUEITI, MARC; PIEPER, KATHARINA (2014). *Gender Bias Without Boarders. An Investigation of Female Characters in Popular Films Across 11 Countries*. Los Angeles: Geena Davis Institute for Gender and Media. https://seejane.org/wp-content/uploads/gender-bias-without-borders-full-report.pdf [20.03.2019]

SMITH, STACY L. (2014a). Hey, Hollywood: It's Time to Adopt the NFL's Rooney Rule – for Women. In: *The Hollywood Reporter* vom 15.12.2014. http://assets.uscannenberg.org/docs/inclusion-in-the-directors-chair-2007-2017.pdf [03.08.2018]

SMITH, STACY L. (2014b). Women given little to say in Hollywoods biggest films of 2013. In: *The Wrap* vom 09.11.2014. https://www.thewrap.com/women-given-little-to-say-in-hollywoods-biggest-films-of-2013-guest-blog/ [02.10.2018]

SMITH, STACY L.; CHOUEITI, MARC; PIEPER, KATHARINA (2018). *Inclusion in the Director's Chair? Gender, Race, & Age of Film Directors.* Annual Report 2007 - 2017. USC Annenberg School of Communication. https://annenberg.usc.edu/sites/default/files/2017/04/06/MDSCI_Inclusion%20_in_the_Directors_Chair.pdf [02.10.2018]

SMITH, STACY L.; CHOUEITI, MARC; STERN, JESSICA (2013). *Occupational Aspirations. What are G-rated Films Teaching Children About the World of Work.* Los Angeles: Geena Davis Institute on Gender in Media. https://seejane.org/wp-content/uploads/key-findings-occupational-aspirations-2013.pdf [07.08.2018]

SMITH, STACY L.; COOK, CRYSTAL (2008). *Gender stereotypes. An analysis of popular films and TV.* Los Angeles: Geena Davis Institute for Gender and Media. https://seejane.org/wp-content/uploads/GDIGM_Gender_Stereotypes.pdf [01.10.2018]

SMITH, STACY L.; CHOUEITI, MARC; PRESCOTT, ASHLEY; PIEPER, KATHERINE (2013). *Gender Roles & Occupations. A Look at Character Attributes and Job-Related Aspirations in Film and Television.* Los Angeles: Geena Davis Institute for Gender and Media and Annenberg School for Communication and Journalism. https://seejane.org/wp-content/uploads/key-findings-gender-roles-2013.pdf [07.08.2018]

STEDMAN, ALEX (2018). Scarlett Johansson Exits Trans Film ›Rub and Tug‹ Amid Backlash. In: *Variety* vom 13.07.2018. https://variety.com/2018/film/news/scarlett-johansson-exit-rub-and-tug-trans-backlash-1202872981/ [03.08.2018]

STENDEL, SARAH (2017). Studie zu Gleichberechtigung: ›Ich war total perplex‹: Maria Furtwängler über das eskalierte Claus-Kleber-Interview. In: *Stern* vom 18.10.2017. https://www.stern.de/lifestyle/leute/maria-furtwaengler-ueber-eskaliertes-interview-mit-claus-kleber-7665236.html [02.08.2018]

WEIDERER, MONIKA (1993). *Das Frauen- und Männerbild im deutschen Fernsehen. Eine inhaltsanalytische Untersuchung der Programme von* ARD, ZDF *und RTLplus*. Regensburg: Roderer

WEIDERER, MONIKA (1994). Das Frauen- und Männerbild im deutschen Fernsehen. Eine inhaltsanalytische Untersuchung der Sendungen mit Spielhandlung von ARD, ZDF und RTLplus. In: *Medienpsychologie*, 6, 1994, S. 15 - 34

WEISS, HANS-JÜRGEN; ANNE BEIER; MATTHIAS WAGNER (2015). Konzeption, Methode und Basisdaten der ALM-Studie 2013/2014. In: DIE MEDIENANSTALTEN – ALM: *Programmbericht Fernsehen in Deutschland 2014*. Leipzig: Vistas, S. 221 - 273

WENGER, ESTHER (2000). *Wie im richtigen Fernsehen. Die Inszenierung der Geschlechter in der Fernsehfiktion*. Hamburg: Verlag Dr. Kovac

WIEDEMANN, CAROLINE (2017). Frauen im TV. Ab jetzt Benjamine Blümchen? In: *Neues Deutschland* vom 21.07.2017. https://www.neues-deutschland.de/artikel/1058052.frauen-im-tv-ab-jetzt-benjamine-bluemchen.html [02.08.2018]

WILLIAMS, ZOE (2017). *A female Doctor? She's the revolutionary feminist we need right now*. In: *The Guardian* vom 17.07.2017. https://www.theguardian.com/tv-and-radio/2017/jul/17/female-doctor-revolutionary-feminist-ideal-we-need-doctor-who [03.08.2018]

WOJCIK, NADINE (2017). Gender-Studie: Männer dominieren TV-Bildschirm. In: DW vom 13.07.2017. https://www.dw.com/de/gender-studie-m%C3%A4nner-dominieren-tv-bildschirme/a-39667702 [02.08.2018]

Women and Hollywood. https://womenandhollywood.com/ [04.08.2018]

MENSCHEN MACHEN MEDIEN

Probeheft und Abonnement:
service@verlag-weinmann.com
https://mmm.verdi.de/mediadaten

**DAS MEDIENPOLITISCHE VER.DI-MAGAZIN
ONLINE UND ALS THEMENHEFT**

„M MENSCHEN MACHEN MEDIEN"
ist die medienpolitische Publikation der
Vereinigten Dienstleistungsgewerkschaft ver.di.

Informativ, kritisch, analytisch richtet sich M an alle
in der Medienbranche Tätigen und an Studentinnen
und Studenten der verschiedenen Kommunikations-
richtungen.

M Online wartet täglich mit neuen Meldungen,
Berichten und Meinungsbeiträgen auf!
https://mmm.verdi.de
Zweimal monatlich erscheint der M Online Newsletter
mit den neuesten Artikeln. Abonnieren lohnt sich!

M Print kommt viermal im Jahr mit einem Heft
heraus, das ein Thema hintergründig, analytisch und
im Überblick darstellt. Auflage 50 000 Exemplare.
Das Jahresabo kostet 36 Euro. Ausgaben können auch
einzeln für 9 Euro erworben werden.

Für Mitglieder der ver.di-Medien-Fachgruppen ist der
ABO-Preis im Mitgliedsbeitrag enthalten.